金锦花 著

票据上意思表示新论

New Theory of Meaning on Bills

中国社会科学出版社

图书在版编目（CIP）数据

票据上意思表示新论 / 金锦花著 . —北京：中国社会科学出版社，2020.8
ISBN 978－7－5203－7066－0

Ⅰ.①票… Ⅱ.①金… Ⅲ.①票据法—研究—中国　Ⅳ.①D922.287.4

中国版本图书馆 CIP 数据核字（2020）第 158268 号

出 版 人	赵剑英
责任编辑	刘凯琳
责任校对	周　昊
责任印制	王　超

出　　版	中国社会科学出版社
社　　址	北京鼓楼西大街甲 158 号
邮　　编	100720
网　　址	http://www.csspw.cn
发 行 部	010－84083685
门 市 部	010－84029450
经　　销	新华书店及其他书店
印　　刷	北京明恒达印务有限公司
装　　订	廊坊市广阳区广增装订厂
版　　次	2020 年 8 月第 1 版
印　　次	2020 年 8 月第 1 次印刷
开　　本	710×1000　1/16
印　　张	15
插　　页	2
字　　数	202 千字
定　　价	86.00 元

凡购买中国社会科学出版社图书，如有质量问题请与本社营销中心联系调换
电话：010－84083683
版权所有　侵权必究

目　录

导　论 ……………………………………………………………（1）
　　一　研究意义 …………………………………………………（1）
　　二　基本概念的界定 …………………………………………（3）
　　三　逻辑结构 …………………………………………………（8）

第一章　票据上意思表示元理论 ……………………………（11）
　第一节　票据行为理论 …………………………………………（11）
　　一　票据行为一元论 …………………………………………（12）
　　二　票据行为二元论 …………………………………………（21）
　第二节　票据行为二阶段说的合理性 …………………………（27）
　　一　票据行为二阶段说的解释功能 …………………………（27）
　　二　对票据行为二阶段说否定之否定 ………………………（41）
　第三节　票据行为与票据上意思表示 …………………………（48）
　　一　票据行为与债务负担意思表示 …………………………（49）
　　二　票据行为与权利移转意思表示 …………………………（53）

第二章　票据上意思表示构成论 ……………………………（69）
　第一节　票据上意思表示的性质 ………………………………（70）
　　一　票据行为理论与票据上意思表示 ………………………（70）

2 票据上意思表示新论

　　二　票据上债务负担意思表示的性质 …………………(71)
　　三　票据上权利移转意思表示的性质 …………………(76)
第二节　票据上债务负担意思表示的成立及生效 …………(78)
　　一　票据上债务负担意思表示的成立要件 ……………(79)
　　二　票据上债务负担意思表示的生效要件 ……………(88)
　　三　票据上债务负担意思表示的法律效力 ……………(94)
第三节　票据上权利移转意思表示的成立及生效 …………(96)
　　一　票据上权利移转意思表示的成立要件 ……………(96)
　　二　票据上权利移转意思表示的生效要件 ……………(98)
　　三　票据上权利移转意思表示的法律效力 ……………(102)

第三章　票据上意思表示瑕疵论 ……………………………(104)
第一节　票据上意思表示的瑕疵与民法规定的适用 ………(104)
　　一　票据上意思表示瑕疵理论的学界观点 ……………(105)
　　二　对票据上意思表示瑕疵理论的评价 ………………(110)
　　三　票据上意思表示瑕疵理论的再构成 ………………(115)
第二节　票据上债务负担意思表示的瑕疵 …………………(120)
　　一　意思能力的欠缺 ……………………………………(120)
　　二　债务负担意思的欠缺 ………………………………(124)
第三节　票据上权利移转意思表示的瑕疵 …………………(128)
　　一　权利移转意思的欠缺 ………………………………(129)
　　二　意思与表示不一致 …………………………………(130)

第四章　票据上意思表示解释论 ……………………………(143)
第一节　票据上意思表示解释的传统认识及其反思 ………(144)
　　一　票据上意思表示解释对象的传统认识及其
　　　　反思 …………………………………………………(144)

二　票据上意思表示解释原则的传统认识及其
　　　　反思 ……………………………………………（148）
第二节　票据上意思表示解释理论的重构 ……………（152）
　　一　票据上债务负担意思表示的解释 ……………（152）
　　二　票据上权利移转意思表示的解释 ……………（161）
第三节　票据上意思表示解释的具体规则 ……………（165）
　　一　票据外观与票据债务的成立 …………………（165）
　　二　票据签章与票据债务人的确定 ………………（167）
　　三　票据记载与票据债务内容的确定 ……………（172）

结　语 …………………………………………………（182）

参考文献 ………………………………………………（185）

附录一　中华人民共和国票据法 ……………………（198）

附录二　最高人民法院关于审理票据纠纷案件若干问题的
　　　　规定 ……………………………………………（216）

附录三　票据管理实施办法 …………………………（229）

导　论

一　研究意义

票据是最早产生且最具典型的有价证券，被誉为"有价证券之父"[①]。曾被马克思称作"商业货币"的票据，在市场经济活动中发挥着加强商业信用、促进商品流通和加速资金周转的重大作用。票据制度与公司制度一起，构成了近代资本主义发展的两大基石。[②]

20世纪80年代以来，随着我国市场经济体制改革的深入推进，市场主体之间的贸易、资金拆借等交易活动和金融活动不断频繁，票据作为市场活动中的金融媒介，其在支付、流通、信用及融资等方面的功能在具体的民商事领域得到加强。与之相应，票据关联纠纷也与经济活跃程度成正比，近五年来，人民法院受理的票据纠纷案件自2015年的4550件上升为2019年的8760件，且涉案标的越来越大、波及面越来越广。然而，我国票据立法自1995年颁布第一部成文票据法以来，于2004年进行了一次微修改之后便停滞，没有再进行进一步修改和完善，这显然不利于维护正当持票人的票据权利、票据纠纷的妥善解决。尤其是针对票据信息化过程中出现的新类型、新情

[①] 参见汪世虎《票据法律制度比较研究》（序），法律出版社2003年版，第1页。
[②] 参见汪世虎《票据法律制度比较研究》（序），法律出版社2003年版，第1页。

况，向传统票据法理论提出了逻辑难题和技术挑战。

此外，在当前经济形势下，资金短缺仍然是民营企业面临的主要问题，融资对于我国的民营企业，尤其是对中小企业具有非常重要的意义。为了实现融资，民间借贷十分盛行，P2P等各种融资方式层出不穷，而其不规范的融资方式严重扰乱金融秩序，已发生多起全国性金融诈骗大案。票据作为一种金融工具，以严谨的法律规定为其支撑，可以克服民间借贷所存在的各种弊端，不仅有利于为民营企业获得更大的资金效益，还有利于维护金融秩序、保障金融安全，因此，有必要极力发挥票据的信用、流通及融资功能，使票据为经济发展作出更大贡献。鉴于此，我国应通过完善票据立法，扩大票据的使用主体范围，加大对票据行为的规范力度，实现票据功能的充分发挥。与此相应，法学界对票据法的研究也不应搁置，而应继续向纵深推进，以期为我国票据法律制度的完善提供充分的理论支撑。

票据法理论的核心是票据行为理论，不仅是引起票据关系产生、变更和消灭的法律事实主要在票据行为，而且票据法的价值也正是凭借具体的票据行为才得以实现，因此，票据行为是票据法的规范重心所在。如同一般的民事法律行为，票据行为亦以意思表示为核心要素，而意思表示是法律行为理论中，最为基础的法律概念，是法律行为制度的精华所在；[1] 意思表示本身蕴含着私法自治理念，足以统摄私法上的一切"根据当事人意志发生法律效果"的行为；[2] 并且票据行为与民法上一般法律行为的区别，实质上也源于其意思表示的特殊性：票据行为上的意思表示是以"票据"——这一有价证券为其赖以存在的媒介，离开票据，无法论及票据上意思表示，也就无票据行为的存在。尽管如此，我国《中华人民共和国票据法》（以下简称《票

---

[1] 参见龙卫球《民法总论》，中国法制出版社2002年版，第446页。
[2] 参见朱庆育《意思表示解释理论——精神科学视域中的私法推理理论》，中国政法大学出版社2004年版，第122页。

据法》）仅在第12条第1款规定了以欺诈、偷盗或者胁迫等手段取得票据的人不得享有票据权利，此外再无其他更为详尽的、关于票据行为意思表示的具体规定，而且以往票据法理论的研究都将意思表示置于票据行为的笼罩之下，未单独对票据行为的意思表示进行充分的思考和深入的研究。这导致有关票据行为意思表示的各种问题，不仅欠缺可适用的法律规则，还缺乏可依赖的理论根据。从意思表示这一基础理论的研究着手，可对复杂的票据法规则形成系统的、统一的认识，并能够为票据法实务中解决相关票据行为意思表示的问题提供理论依据。另外，票据集证券的各种特征于一身，所有证券相关制度在票据上都发展到了极点，表现得最为典型，所以票据法成为现代证券法的核心。[①] 在这一意义上，票据行为意思表示理论的研究可以为其他各类证券上该问题的研究提供可资借鉴的理论素材。可见，票据行为意思表示理论的研究还具有深远的基础理论意义。

二　基本概念的界定

如前所述，票据行为是票据行为人在"票据"这一特殊物上作出的意思表示，因此，票据行为具有不同于一般民事法律行为的特征。鉴于此，作为本书展开论述的基础，有必要从"票据"谈起，明确界定票据的法律概念。

（一）票据

什么是票据？各国票据法对此均未给出明确定义，而在一般社会生活中，人们通常在较为宽泛的意义上使用"票据"一词，将诸如发货票、会计凭证等也称为票据。但是，这些与法律意义上的票据存在着本质上的差别，具有不同的意义和作用，票据概念也就不应将此

[①] 参见谢怀栻《票据法概论》，法律出版社2006年版，第13页。

类票证包括在内。"根据这些文书、书据和票证的法律效力，可以把它们分为两大类：证书和证券"①，而票据在其基本性质上则属于证券，更严谨地说，是一种有价证券。在理论上，作为票据概念的实质性定义，一般认为，"票据乃是由出票人签发的，约定由自己或者委托他人，于见票时或者确定的日期，向持票人无条件支付一定金额的有价证券。"②

我国《票据法》第2条第2款规定："本法所称票据，是指汇票、本票和支票。"而在属于日内瓦统一票据法体系的国家，如法国、德国和日本等，认为汇票和本票属于信用证券，将此称为票据，并规定在票据法上；而认为支票只是单纯的支付证券，因而单独将其规定在支票法上。在属于英美票据法体系的国家，则将汇票、本票、支票与具有流通性的存单等证券称为流通证券，统一进行法律调整。"尽管如此，仍不妨碍把汇票、本票、支票概括在票据这一总的概念之下"，③而我国票据法上的支票同本票、汇票的差别，除款式之外，仅在于支票上并不存在票据保证这一点上；在当事人方面，与汇票一样，存在三个基本当事人，其票据行为规则所遵循的逻辑亦与汇票并无二致。有鉴于此，本书仅就本票及汇票上票据行为的意思表示进行探讨。

票据生来备受法律"关注"，具有独特的法律意义，不仅所含证券特征最多，作为有价证券，也具有不同于其他有价证券的特征。也正因为如此，通过票据而为的意思表示，即票据上的意思表示较之民法上的意思表示呈现出各种特色。在票据所具有的众多法律特征中，对票据行为理论影响甚多的，有以下几种。第一，票据是完全有价证券。作为有价证券，票据是一定财产价值的转化物，记载着一定的权

---

① 谢怀栻：《票据法概论》，法律出版社2006年版，第2页。
② 赵新华：《票据法》，人民法院出版社1999年版，第3页。
③ 赵新华：《票据法》，人民法院出版社1999年版，第4页。

利并代表着一定的权利,是权利与证券的结合。可以说,权利就是证券,而证券就是权利。因此,存在完整的票据证券,即存在"权利外观"。此外,作为完全有价证券,票据是权利运行的载体,票据上所表示之权利的发生、转移和行使均须依赖于票据,因此,票据权利人享有票据权利必须持有票据。第二,票据是债权证券。票据所表现的是一定的债权,即是一种请求权,因此,票据行为人所为的意思表示指向票据债权,即票据金额请求权,而非票据这一物的所有权。第三,票据是设权证券。票据并非证明已存在的权利,而是创设新的权利。[①] 票据上的权利在证券作成之前,仅为原因关系上的债权,而非票据债权;仅在票据作成之后,票据债权方始发生。第四,票据是无因证券,票据持票人无须证明其取得票据的原因。因此,票据具备法定的要件,票据上的权利即成立,至于该票据行为的原因如何发生,持票人如何取得票据,在所不问。换言之,票据持票人所享有的票据权利不受原因关系存在与否或有无瑕疵的影响。第五,票据是要式证券。票据的格式和记载事项都由法律严格加以规定,票据的作成也必须具备法定的要件,否则不成立票据。第六,票据是文义证券。票据上的权利义务须依票据记载文义决定其效力,不得以票据外的事由加以变更或补充。我国《票据法》第4条的规定[②],正是票据文义证券性的体现。第七,票据是流通证券。一张票据可以在多数人之间辗转,因此,票据行为人不仅与其直接相对人发生票据关系,亦与票据的第三受让人发生票据关系。

(二) 票据行为

我国《票据法》第1条规定,制定票据法的目的在于规范票据行为。但是,此处的"票据行为"应属广义上的理解,即涵盖所有受

[①] 参见张国键《商事法论》,三民书局1980年版,第359页。
[②] 我国《票据法》第4条规定:"票据债务人在票据上签章的,按照票据所记载的事项承担票据责任。"

票据法规范的行为。而这些广义的票据行为中，有的以行为人的意思表示为要素，法律基于行为人的意思表示而赋予一定的效力，如出票、背书等属于法律行为，此又称狭义的票据行为；相反，有的不以行为人的意思表示为要素，而根据法律的直接规定发生效力，如提示、涂销等，是非法律行为。票据法理论上通常所称"票据行为"，仅指狭义的票据行为，即票据法上特有的、票据行为人在票据上所为的法律行为。本书亦在此种含义上理解票据行为。

票据行为作为一种法律行为，当然以意思表示为要素，以发生票据上权利义务为目的。但是，票据行为又不同于一般的法律行为，因此，对于如何定义票据行为，各学者认识不一，存在多种表述，"有着重票据之形式记载，为形式意义说，有着重票据之实质关系，为实质意义说"①。

日本学者田中耕太郎认为："如果以实质性要素界定票据行为，不得不直接面临票据理论的差异，因为票据关系的各部分、各种票据行为均有其特殊性，很难以票据行为的概念进行统一的说明。"② 基于此，田中耕太郎将票据行为定义为："以票据上的签名（或者签名加盖章）及其他方式为要件的法律行为。"③ 日本学者大隅健一郎亦认为："票据行为是作为票据上法律关系发生、变动原因的法律行为，以票据上的签名为不可或缺的要件。"④ 但是，此种在形式意义上理解票据行为的观点，存在明显的缺失：法律行为而须在书面上记载一定事项并签章者，比比皆是，并非是票据行为逻辑上的特殊性，甚至能包括遗嘱，显然无法体现票据行为概念的存在价值。这种定义，只不过是寻求不同性质票据行为的最大公约数而已，无益于解决有关票

---

① 曾世雄、曾陈明汝、曾宛如：《票据法论》，中国人民大学出版社2002年版，第25页。
② [日]田中耕太郎：《手形法小切手法概论》，有斐阁1935年版，第112页。
③ 同上书，第113页。
④ [日]大隅健一郎：《手形法小切手法讲义》，有斐阁2001年版，第23页。

据行为的各种问题。① 但是，这种学说对票据行为"要式性"的关注是值得借鉴的。鉴于此，主张从实质意义上界定票据行为的学者，在对票据行为的概念表述上，均强调票据行为的要式性特征，吸收了形式意义说的合理成分。

有学者将票据行为与票据债务的发生相联系，主张票据行为是以负担票据上债务为目的的要式法律行为。② 这种定义方式，将票据行为与遗嘱等其他要式行为相区别，且从发生票据债务的层面上指出其与一般法律行为的不同性质，这一点是值得肯定的。但是，这种将票据行为与票据债务发生完全结合起来的观点，将期后背书、无担保背书等从票据行为中排除出去。另外，主张背书及汇票出票的担保责任是法定效果的学者更是对此种票据行为的定义提出了质疑。

克服形式意义说与实质意义说的弊端，我国大多数学者将票据行为定义为：能够产生（发生、变更、消灭）票据上债权债务关系的要式法律行为；或者说是以发生票据上权利义务关系为目的的要式法律行为。③ 票据行为是产生票据法律关系的基础，票据上的权利和义务都是由票据行为所引起。换言之，票据行为以发生票据上债权债务关系为内容，这不同于发生一般债权债务关系的民事法律行为，亦不同于其他要式法律行为。强调票据行为的意思表示行为性质，可以与能够发生票据法上法律关系的、非法律行为，如涂销、付款等行为相

---

① 参见［日］前田庸《手形法·小切手法》，有斐阁1999年版，第23页。
② 参见张国键《商事法论》，三民书局1980年版，第386页；梁宇贤《票据法新论》，中国人民大学出版社2004年版，第29页；汤玉枢《票据法原理》，中国检察出版社2004年版，第44页。
③ 参见汪世虎《票据法律制度比较研究》，法律出版社2003年版，第28页；曾世雄、曾陈明汝、曾宛如《票据法论》，中国人民大学出版社2002年版，第28页；王小能编《票据法教程》，北京大学出版社2001年版，第33页；董安生主编《票据法》，中国人民大学出版社2006年版，第56页；刘心稳《票据法》，中国政法大学出版社2002年修订版，第61页；王明锁《票据法学》，法律出版社2007年版，第81页；张文楚《票据法导论》，华中科技大学出版社2006年版，第57页。

区别。鉴于此，本文将票据行为界定为："以意思表示为要素，能够发生票据上债权债务关系的要式法律行为。"将票据行为定位在法律行为，发生有效、无效或效力待定的问题；行为人受到行为能力规定的保护；且行为人的意思表示存在瑕疵时，亦得依相关法律规定寻求救济。[①] 而所有这些问题均须进行进一步探讨。

我国《票据法》规定了出票（《票据法》第 19 条—第 26 条）、背书（《票据法》第 27 条—第 37 条）、承兑（《票据法》第 38 条—第 44 条）和保证（《票据法》第 45 条—第 52 条）四种票据行为。鉴于此，与我国的立法实践相适应，本文将围绕着这四种票据行为展开论述。

（三）票据上意思表示

"票据行为是行为人在票据上所为的一种法律行为。"[②] 票据行为的意思表示无一例外均通过票据证券进行，离开票据，无法论及这种证券上意思表示的存在，因此，其成立及生效也均须依票据证券而得到确认。鉴于"票据"是票据行为意思表示的载体，票据行为的意思表示均须在票据上作出，本书将此种意思表示称为"票据上意思表示"。票据上意思表示以票据的存在为不可欠缺的前提，而民法上一般意思表示不以票据的存在为必要，因此，票据上意思表示也就具有不同于民法上意思表示的特征。

三 逻辑结构

本书从票据上意思表示区别于民法上一般意思表示的特殊性出发，以票据行为二阶段说为理论基础，对票据行为人所为票据上意思

[①] 参见曾世雄、曾陈明汝、曾宛如《票据法论》，中国人民大学出版社 2002 年版，第 27 页。

[②] 赵新华：《票据法》，人民法院出版社 1999 年版，第 30 页。

表示的性质、构成、瑕疵及解释等问题进行全面、系统的分析。本书的主体部分分为四章，第一章和第二章主要阐述票据上意思表示的基本理论，而第三章和第四章则主要探讨票据上意思表示基本理论的具体适用。

首先在第一章考察了票据法学界现存的票据行为理论，将阐释票据行为构成的理论分为一元论和二元论，对各学说观点进行了梳理和反思，并得出"在票据行为理论中票据行为二阶段说最符合票据的有价证券属性，最有利于解决涉及票据的各种法律问题"的结论。同时，以票据行为二阶段说为理论基础重新构建票据上意思表示理论。

票据上意思表示以"票据"这一有价证券的存在为其基本前提，因此，票据上意思表示必然具有不同于民法上一般意思表示的特征，其成立及生效规则均与民法一般规定有所不同。鉴于此，第二章在界定票据上意思表示性质的基础上，明确票据上意思表示的成立及生效要件，并阐述了成立并生效的票据上意思表示所引起的法律效力。

鉴于票据上意思表示具有不同于民法上一般意思表示的特殊性质，在其意思表示存在意思的欠缺、意思表示的瑕疵时，能否直接适用民法关于意思表示的一般规定，不无疑问。因此，在第三章首先讨论了民法上的一般规定可否直接适用于票据上意思表示这一问题。随后，以票据行为二阶段说为基础，对票据行为人所为票据上的两个意思表示，即债务负担意思表示和权利移转意思表示分别进行了存在意思表示瑕疵时的效力分析，从而形成以票据行为二阶段说为基础的、票据上意思表示瑕疵理论。

在第四章阐述了票据上意思表示解释理论。具体而言，首先对票据行为一元论之下的票据上意思表示解释理论进行了反思，在此基础上，针对债务负担意思表示和权利移转意思表示二者分别分析意思表示的解释对象、解释基准、解释原则及解释方法，从而构建以票据行为二阶段说为基础的票据上意思表示解释理论，并在其最后，以典型事例为参照，阐述解释理论在个案中的具体适用规则，同时又从个案分析中佐证票据上意思表示解释理论的合理性。

第一章 票据上意思表示元理论

第一节 票据行为理论

票据行为在本质上是一种法律行为,以意思表示为核心要素,而对于此种意思表示效力的发生,学界学者依其主张的票据行为理论的不同而持有不同的观点。所谓票据行为理论,又称票据理论,是票据上特有的法律行为论,是关于票据债务发生和票据权利取得的综合性理论基础,是贯穿票据法基本理论、基本规则的理论基础。[①] 作为有价证券的票据,在其流转的每一阶段,都会由行为人完成两个动作,即票据作成和票据交付。具体而言,行为人首先要按照票据法的规定在票据用纸上记载要件事项并完成签章,此为"票据的作成";再需要将已制作完成的票据交付于相对人,以实现票据占有的实际转移,此为"票据的交付"。纵观票据行为理论,虽然其争议的主要焦点在欠缺票据交付的场合如何定性票据行为的效力,但实质上,各家学说通过赋予"票据的作成"和"票据的交付"以不同的法律意义,并据此对票据行为的效力形成不同的判断标准。

[①] 参见 [日] 庄子良男《手形抗弁论》,信山社1998年版,第199页。

一 票据行为一元论

传统的票据行为理论大抵分为两大派别,即契约说(双方行为说)与单方行为说,而单方行为说又分为创造说和发行说,并在契约说及发行说的基础上又形成了权利外观说。传统的票据行为理论对票据行为诸理论均采取了一元的构成模式,即票据行为人自始发出一个意思表示,而票据行为的效力由该意思表示的效力而定。

(一)契约说

契约说又称双方行为说,首创于19世纪,英美法学者多采用此观点。根据契约说的主张,票据债务人之所以负担票据上债务,是因为他与票据债权人订立了契约,而契约的成立,首先票据债务人必须作成票据,并由票据债务人将票据交付于票据债权人;而票据债权人又必须受领该票据,票据行为才告完成。而票据本身即为契约,无须另外订立契约来证明票据关系的存在。我国学者王明锁赞同契约说,认为承认票据行为的契约性质更具有科学性,也有利于实践[①]:票据关系的产生是票据当事人双方意思表示一致的结果,双方往往就票据的种类、金额以及支付的时间等进行约定,达成一致的意见;票据本身就是一种契约,它表明双方当事人之间债权债务关系的存在;票据债权人在票据发行时就是明确的,票据上的收款人就是票据债权人;主张票据行为属契约行为,符合实际情况。我国台湾地区学者郑洋一亦认为:"票据行为亦为法律行为,仍以意思表示为其构成要素,殊不能悖于一般意思表示之原理原则,发行说或创造说均未能把握票据行为之性质,容有商榷之余地。"[②]

按照上述契约说的观点,票据行为属双方行为,是一种票据授受

[①] 参见王明锁《票据法学》,法律出版社2007年版,第81页。
[②] 郑洋一:《票据法之理论与实务》,三民书局2001年版,第69页。

当事人之间的契约，而契约的成立须以双方当事人意思表示一致为前提，即不仅要有行为人要约的意思表示，还要有相对人承诺的意思表示，该承诺的意思表示通过受领票据体现出来，而交付是相对人授受票据的事实前提，即"其对外发表（发信及到达），除交付外别无他途"①。这样，按照契约说的主张，票据行为人未向相对人作出意思表示，即所谓欠缺交付的场合——基于占有委托（如票据作成后托他人保管而受托人违反委托意旨将票据转让于第三人）或者占有脱离（票据作成后被盗、遗失或其他违背本人真意的事由而为第三人取得）②——即使票据行为人完成记载及签章而已作成票据，由于没有受领意思表示的回应，其意思表示终未完成，票据行为无效，票据债务亦不成立。如此一来，票据交付的欠缺作为对物抗辩事由，票据债务人可以向任何持票人主张。然而，对于善意的持票人来说，票据是否经过签章人有效的交付而置于流通是很难查证的，而"契约说将未交付而流通的票据所导致的风险通过对物抗辩分配给持票人负担，虽然保护了出票人，但是严重牺牲了持票人的利益"③，显然不利于票据的流通及交易安全的维护。不仅如此，由于契约说主张票据债务的发生根据是票据授受当事人之间的契约，而契约的成立须以双方当事人意思表示即行为人要约的意思表示与相对人承诺的意思表示一致为前提，那么，在存在影响相对人承诺意思表示生效的情形，如行为能力的欠缺、意思表示瑕疵等，票据契约无法有效成立，亦不产生票据债务，此作为对物抗辩事由，可以对抗任意持票人，显然不利于善意持票人的保护，不利于票据的流通。

综上所述，根据契约说的主张，票据的作成仅为票据上意思表示

---

① 郑洋一：《票据法之理论与实务》，三民书局2001年版，第69页。
② 参见丁南《我国票据理论及其与票据现实交付的关系》，《当代法学》2003年第3期。
③ 参见丁南《我国票据理论及其与票据现实交付的关系》，《当代法学》2003年第3期。

的表示行为要素之一,是意思表示的准备阶段,性质上属于事实行为;而票据的交付是票据上意思表示发出及送达的方式,也是意思表示的一个要件事实。可见,在契约说之下,并未对"票据的作成"与"票据的交付"二行为以独立的法律意义,均非意思表示行为,而是构成意思表示的表示行为要素。然而,这种理解不仅不利于保护善意受让人,而且难以确定制作完成票据书面后交付于相对人之前的这一阶段,票据上的记载及签章的效力,因此,"在票据到达持票人之过程,不得不认为系一种悬摇状态。"①

(二)发行说

发行说将票据行为理解为一种非契约的单方行为,认为仅依票据行为人一方的意思表示即可发生票据债务。但是,发行说亦认为,票据债务的成立不仅需要票据行为人完成票据记载并签章,还需要签章人依自己的意思,将票据实际地交付于相对人;当行为人制作票据,而未进行交付,票据行为尚未完成,不发生法律效力。我国学者汪世虎支持发行说,其理由如下②:首先,它以票据的交付作为票据行为的成立要件,可以克服创造说仅以行为人的签章无须票据的交付行为即成立,从而忽视当事人意思表示本质的不足;其次,在欠缺票据交付的情况下,发行说确有保护善意第三人不力之嫌,但可结合权利外观理论加以弥补;最后,从各国立法及判例来看,由于大多肯定票据行为只需行为人的意思表示合乎票据法上的形式要件即能发生票据法上的效力,接近发行说的主张,特别是我国现行《票据法》在对汇票、本票、支票的定义中均有"签发"字样,足以说明采用发行说。

按照上述发行说的观点,票据上的意思表示是有相对人的意思表示,"有相对人的意思表示,其意思表示之成立必须对相对人为

---

① 郑洋一:《票据法之理论与实务》,三民书局2001年版,第44页。
② 参见汪世虎《票据法律制度比较研究》,法律出版社2003年版,第36—37页。

之"①，因此，票据行为人不仅需要完成票据记载及签章，而且需要依其自己的意思，将票据现实地交付于相对人，而票据交付是意思表示到达相对人的体现。当票据行为人完成票据记载及签章（作成票据）而将其具体的效果意思表示于票据上，其表示环节亦尚未完成，意思表示不成立，从而欠缺交付的情形构成对物抗辩，可以对抗任意持票人。

为了弥补发行说对善意持票人保护的不利，后来的修正发行说将交付的欠缺区分占有委托和占有脱离两种情形赋予不同的法律效果：在占有委托的场合，如他人违背委托人的意思而将票据交付于第三人时，视为票据行为人为具有任意投入流通可能性的交付，从而依该第三人的交付行为，而使行为人的意思表示得以发信且发生效力，签章人只能对直接相对人及恶意受让人主张对人抗辩；而在占有脱离的场合，这种票据的交付并不是基于行为人的意思而为，因此，不成立票据债务，此作为对物抗辩事由具有绝对的对抗力，可以对抗任何持票人。然而，票据法相关制度并未区分占有委托与占有脱离，亦没有如此区分的必要，因为票据相较于民法上的一般动产具有更强的流通性，为了保护受让人的利益，票据法增强了原权利人对票据保管的注意义务，从而扩大了与因范围。②另外，也有学者主张，对于欠缺交付而投入流通的票据应推定为已完成交付，票据债务人不得以未经交付为由对抗善意持票人。③但是，将流通中的票据都视为已完成交付，"使票据的交付实际上失去了其决定票据行为完成和有效成立的立法意义和实际意义"④。

---

① 李宜琛：《民法总则》，中国方正出版社2004年版，第180页。
② 参见丁南《我国票据理论及其与票据现实交付的关系》，《当代法学》2003年第3期。
③ 参见赵新华主编《票据法问题研究》，法律出版社2002年版，第79页。
④ 谢石松：《票据法的理论与实务》，中山大学出版社1995年版，第30页，转引自汪世虎《票据法律制度比较研究》，法律出版社2003年版，第35页。

虽然发行说不同于契约说，不要求存在相对人承诺的意思表示，从而使其意思表示的效力发生不受相对人因素的影响，但是，也有学者认为，在契约说之下，相对人授受票据交付即认定存在承诺的意思表示，而既然票据行为均以交付为必要，就可以收拢到相对人承诺的意思表示，可以视为一种契约。①

综上所述，根据发行说的主张，"证券之作成，并非为意思表示之完成，而仅为构成其要素之事实行为而已"②，而票据交付也仅为意思表示的送达方法。换言之，在发行说之下，票据的作成与票据的交付二行为并非独立的法律行为，而是意思表示行为的构成要素。如此一来，与契约说一样，在票据作成后交付于相对人之前的这一阶段，难以确定已制作完成的票据及其交付行为的效力。

（三）创造说

创造说认为，票据债务的发生始于票据行为人的创造，有无相对人在所不问；只要票据行为人完成票据记载并签章（作成票据），"无须另为票据交付，票据债务即自然发生；即使票据违反当事人的意思而被他人取得并被置于流通过程，仍然具有约束力"。③基于此种观点，票据行为仅以完成票据记载及签章而成立；票据行为的效力不以交付票据为必要条件，票据的交付只是对既存票据权利的转让，进而是否进行有效的交付构成直接当事人之间的对人抗辩事由。

铃木竹雄认为，如果主张票据债务的发生以交付为必要，那么，即使行为人已完成票据记载及签章而作成了完整票据，在将该票据依自己的真实意思进行交付之前票据行为尚未完成，从而不问票据的受让人为善意抑或恶意，票据签章人均不负担票据债务；但是，从票据

---

① 参见［日］小桥一郎《手形行为の意义》，载河本一郎、小桥一郎、高洼利一、仓泽康一郎编《现代手形小切手法讲座》（第2卷），成文堂2000年初版，第18页。
② 郑洋一：《票据法之理论与实务》，三民书局2001年版，第68页。
③ 吴京辉：《票据行为论》，中国财政经济出版社2006年版，第40页。

受让人的立场上看,流通中受让票据的第三人是难以得知其前手之间票据的交付是否依票据签章人的真实意思而完成,而致其遭受不可预知的损害,不利于票据的流通,因此,在票据行为效力的认定上不以票据交付为必要条件的考虑更为合理。[①] 我国学者谢石松亦主张创造说,认为:[②] 第一,票据为无因证券,票据行为依行为人单方面所为的有关行为而成立;第二,票据为文义证券,票据行为的内容完全依票据上所作的书面记载来决定,行为人依法记载其行为意思于票据并签章盖章时,有关的票据行为即告完成;第三,即使在主张契约说的英美法国家,亦规定票据行为人虽然能够以契约的无效免除其对直接相对人所承担的义务,但不能以此对善意取得有关票据的关系人主张抗辩,并且凡票据脱离有关票据行为人的占有时,除非有相反的证据存在,否则应推定票据已完成有效的交付。

综上,根据创造说的观点,票据上意思表示是对不特定多数人的、无须受领的单方意思表示,因此,意思表示的成立不以到达相对人为必要,票据行为人只需将负担债务的意思表示于票据上,即进行票据记载和签章而作成票据,票据上意思表示即告完成并发生效力;即使欠缺交付,票据签章人都要承担票据债务。根据创造说的主张,票据的作成具有独立的法律意义,它本身就是以负担票据债务为内容的意思表示行为。

创造说明确回答了票据作成至票据交付之间的权利归属问题,在保护交易安全和促进票据流通方面发挥了巨大的作用。在欠缺交付的场合,创造说无须借助其他的理论,依其本身的理论构造即能够合理地得出票据签章人对善意持票人仍应承担票据债务的结论。但是,在另一方面,创造说也受到了多方质疑:首先,根据创造说,票据行为

---

① 参见[日]铃木竹雄《手形法·小切手法》,有斐阁1957年版,第140—141页。
② 参见谢石松《票据法的理论与实务》,中山大学出版社1995年版,第28—30页,转引自汪世虎《票据法律制度比较研究》,法律出版社2003年版,第34—35页。

仅凭票据记载及签章（票据的作成）即可完成，致使"将义务负担的意思仅固定于证券的作成，而导致意思表示的切断，为此不得不使用交付或所有权取得等不符事实的技巧，以处理意思的继续性问题"①，并且创造说的根据乃"以作成之证券，即成为一价值物之观念"②，但"仅在证券上记载义务负担表示，是否即已发生某种价值，颇有商榷之余地"③；其次，按照创造说"票据作成时即产生票据权利"的主张，在作成票据之后未交付之前票据签章人"自己是自己的权利人，同时又是自己的义务人，违背法理"④，导致权利概念及法律行为概念的外延被扩充，并且"由于票据关系是一种债权关系，如果在票据交付之前即成立债务，则该债务将成为无债权人的债务，亦即无主债务，这是很难解释的"⑤；最后，创造说认为票据债务仅依作成票据而发生，致使票据签章人仅依在票据上签章而承担票据责任，使得票据行为人的票据责任成为一种近乎绝对的责任，"出票人作成票据后被窃取时，即使持票人恶意取得票据的占有，也成为债权人，如此结论，始违反法的常态"。⑥

面对上述的质疑，持创造说者逐渐将创造说更新发展为以创造说为基础的票据行为二阶段说，又称二阶段创造说。如今，学者所称创造说多指二阶段创造说，因此，在下文中，票据行为一元论仅指契约说和发行说，以及在契约说与发行说基础上附加权利外观理论而形成的权利外观说。

（四）权利外观说

权利外观理论认为，惹起与真实权利状态不同之外观的人，对信

---

① 吴京辉：《票据行为论》，中国财政经济出版社2006年版，第44页。
② 郑洋一：《票据法之理论与实务》，三民书局2001年版，第32页。
③ 郑洋一：《票据法之理论与实务》，三民书局2001年版，第32页。
④ 丁南：《我国票据理论及其与票据现实交付的关系》，《当代法学》2003年第3期。
⑤ 赵新华：《票据法论》，吉林大学出版社2007年版，第54页。
⑥ 郑洋一：《票据法之理论与实务》，三民书局2001年版，第30页。

赖该外观事实的善意人，必须依此外观承担责任。由于契约说和发行说均主张票据交付是票据行为的成立要件，而票据的第三受让人通常又无法得知票据是否经有效的交付，因此，为保护善意受让人的利益，大多契约说和发行说论者均提出以其理论结合权利外观法理，求得结果的公正性。票据法上的权利外观理论认为，存在一定签章事实的票据行为，即具有公信力，亦即不问票据签章人的意思如何，凡在票据上存在可归责于票据签章人的事实，且有一种权利外形（有效票据）的存在，则须保护善意受让人。[1]

严格意义上，权利外观说并不是与契约说、发行说相并列的票据行为理论，而是从保护票据受让人的立场出发，附加权利外观理论而补足契约说或发行说的偏颇之处，主要用于阐明票据欠缺交付时票据签章人票据责任的承担。将契约说（发行说）与权利外观理论相结合的权利外观说，似乎对善意第三人的保护提供极其有效的解决方法，但事实上存在诸多问题。

第一，适用权利外观理论，前提是必须存在"权利外观"足以使人认为存在真实的法律关系，但是，对于如何认定是否存在"权利外观"，未给出明确的判断标准，而此"权利外观"所涵盖的范围越广，其理论就越趋复杂，"结果将导致舍弃各范围的内在本质，权利外观说也就变得毫无实用性"[2]。

第二，票据签章人依权利外观理论负担票据债务须存在归责事由，但是，何种场合即可认定"具有归责事由"并不明确。学者们对此认定标准提出了各种见解，如有学者认为作成票据本身即可构成归责事由；有的学者则认为对票据保管上的过失才构成归责事由。如果以前者为标准，票据作成本身即意味着承担票据责任，其结果回归

---

[1] 参见梁宇贤《票据法新论》，中国人民大学出版社2004年版，第30页。
[2] 参见郑洋一《票据法之理论与实务》，三民书局2001年版，第34页。

到创造说，那么主张契约说或者发行说也就变得毫无意义；如果以后者为标准，则票据行为人是否负担票据债务，其界限含糊不清，不利于对票据受让人的权益保护。①

第三，根据权利外观说，在欠缺票据交付时，已完成票据签章之人即使未作出意思表示，亦应承担票据责任。但是，另一方面，该学说亦主张无意思能力人所为的票据签章不发生效力，此自不待言。权利外观说虽主张不以意思表示为负担债务的根据，却又要求行为人具有意思能力（行为能力），缺乏逻辑上的连贯性。此外，对行为人有无行为能力的判断时间亦不明确。契约说和发行说认为，至少需要在票据交付时具有行为能力，但是，在交付欠缺的场合，依权利外观理论追究票据签章人票据责任时，如果以票据作成之时作为判断时点，那么，票据签章人在票据作成时具有行为能力，但在交付票据之前又丧失了行为能力，票据签章人是否应承担责任；或者相反，在票据作成时无行为能力，但在交付票据之前又恢复行为能力而基于真实意思将票据交付于相对人的场合，又当作何处理，权利外观说均难以作出合理的阐释，这也正是权利外观理论的适用缺陷。②

第四，在票据法上已存在善意取得等规定的情况下，再适用权利外观理论即可导致同一票据上相同性质票据权利的取得所适用的依据不同，即持票人对一部分票据签章人的权利行使以善意取得制度为根据，而对另一票据签章人的权利行使却又以权利外观理论为根据，这种理论逻辑是否妥当，不无疑问。③ 例如，出票人甲以乙为收款人签发票据，乙在该票据上进行空白背书，但票据于交付之前被丙盗取，丙转让给丁，丁为善意。此时，丁依善意取得的有关规定取得票据权利可以向甲行使，但是对于乙的权利，又只能依权利外观理论加以说

---

① 参见［日］前田庸《手形法·小切手法》，有斐阁1999年版，第52页。
② 参见［日］前田庸《手形法·小切手法》，有斐阁1999年版，第52—53页。
③ 参见［日］前田庸《手形法·小切手法》，有斐阁1999年版，第53页。

明，这等于赋予丁复数性权利。

综上，传统"四学说"尽管遵循不同的理论逻辑，但对票据行为诸理论均采取了一元的构成模式。即票据行为人自始发出一个意思表示，票据行为的效力由该意思表示的效力而定。票据行为一元论或将票据的作成与票据的交付作为不可分的一个行为，或仅考虑票据作成而不考虑票据交付。总之，一元构成的票据行为理论未赋予票据的作成与票据的交付相互独立的法律意义，因此，票据行为一元论无法将作成行为的完成对善意持票人的法理意义，以及交付的欠缺对票据作成人的法律意义，同时纳入自身理论的逻辑框架内作出合理的解释。

二 票据行为二元论

票据行为一元论将票据的作成与票据的交付作为不可分的一个行为，二者不作为独立的法律行为，票据的作成行为抑或交付行为均为一个票据上意思表示的表示行为要素，性质上属于事实行为，不发生独立的法律效力。因此，根据票据行为一元论，欠缺交付导致票据行为不成立，进而票据签章人不负担票据债务，持票人亦不享有票据权利，但又考虑善意持票人的利益，赋予善意持票人票据权利，其结果，原先不存在的票据权利自始在第三人处产生，这显然缺乏逻辑上的合理性。弥补票据行为一元论的内在缺陷，陆续有学者提出票据行为二元论，即对票据的作成与票据的交付作为独立的法律行为，分别赋予不同的法律效力。

（一）松本说

日本学者松本烝治将票据行为区分为票据债权行为与票据物权行为：票据债权行为是以负担票据债务为目的的单方行为，依票据的发行而成立；票据物权行为是以转移票据所有权为目的的物权契约，原则上票据受让人依物权契约而继受取得票据所有权，作为例外，依善意取得制度原始取得票据所有权。票据为完全有价证券，票据权利与票据所有权应分别予以考察：票据物权行为虽是转移票据所有权为目的的物权契约，但票据权利如不持有票据则无法行使，须转移票据的占有，因此，票据的物权契约以交付票据为要件；而票据债权行为是以负担票据债务为目的的行为，是票据签章人向不特定的票据受让人表示其负担债务的意思。但是票据行为非因完成票据签章而立即成立，须有向他人交付票据的行为才能最终完成负担票据债务的意思表示，即票据债务负担行为因票据的发行而成立，但其行为效力并不因此而立即发生，须待他人取得票据所有权，始发生票据债权行为的效力。①

对于松本说的上述见解，铃木竹雄提出批评到："该说将票据上权利与票据所有权相区别而论，但从票据上权利分离出去的票据所有权不过是观念上的东西，因为，权利与证券相结合，并作为一体而转移才是有价证券的本质所在。"② 服部荣三亦认为，票据所有权说以与票据上权利相分离的证券（纸张）的所有权为论述对象是错误的，应该以"纸张+权利"之特殊动产的所有权为论述对象。③ "票据的意义不在于票据用纸的所有权，对于纸张并无附随所有权的理由"④，而受让票据的持票人，其意图也并非是取得票据所有权，而是取得票据权利。可见，票据权利才是主权利，票据所有权则从属于票据权利；取得票据权利所需的，并非是票据所有权，而是对票据的占有。票据债权的发生以票据证券的作成为必要，而这是为了将看不见的权利转化为看得见的权利，以确保权利的流通，并不是以票据权利与无形所有权的连接为目的。因此，票据权利的成立只要存在可将其物化

---

① 以上松本说的主张，参见［日］松本烝治《手形法》，中央大学1918年版，第170—175页。

② ［日］铃木竹雄：《手形法·小切手法》，前田庸补订，有斐阁1992年版，第149页注（八）。

③ 参见［日］服部荣三《手形行为と民法》，《法学》第27卷第2号，第151—152页。

④ 郑洋一：《票据法之理论与实务》，三民书局2001年版，第40页。

的物体为已足，不问其是否由票据行为人所有。如同我国台湾地区学者郑洋一所述："此等因依票据授受，使其票据上的意思表示达到相对人而成立并发生效力的说明，虽即为简明，但如此区别，非仅毫无实益，反而有诱发法律关系趋于复杂之嫌。"①

(二) 田中说

日本学者田中耕太郎认为，出票是一种特别的证券上行为，其并非是一个行为，而是由两个行为，即票据的作成行为和票据的转让行为而成立；依出票人的票据作成行为即完成作为有价证券的票据，而该有价证券的权利人为出票人本人，义务人则为本票的出票人或汇票的拟定付款人；但是，票据的作成行为是对内行为，出票人自己持有票据期间，与外界尚无任何联系，因此，出票人本身并无任何票据权利可行使，亦不负担票据义务，待将其持有的票据让与收款人或他人时，在票据受让人取得票据的同时，亦取得该证券上潜在的权利，票据始处于交易完成的状态，才存在外部的债权人。出票人将制作完成的票据与表彰于票据上的权利均让与收款人时，收款人继受取得票据权利，而基于此种让与行为，法律遂使出票人承担担保责任（本票的出票人是主债务人，无须担保责任的存在）；而担保责任的发生，须由具备行为能力之人依其自由意思交付票据为必要，因此，实施票据作成行为时为无行为能力人，但交付时已恢复行为能力的，并不妨碍担保责任的发生；反之，实施票据作成行为时有行为能力，但交付时丧失行为能力的，则不承担担保责任。因第三人无从知悉其取得的票据依何种理由而流通，因此，纵然该票据是被盗取或遗失等非基于票据签章人的意思而流通，依外观主义出票人仍不能免除其责任。②

田中耕太郎的二阶段行为说，仅停留在出票的场合，至于其他类

---

① 郑洋一：《票据法之理论与实务》，三民书局 2001 年版，第 40 页。
② 以上田中说的主张，参见〔日〕田中耕太郎《手形法小切手法概论》，有斐阁 1935 年初版，第 321—326 页。

型的票据行为为何种情况并未展开论述；而且，虽然田中说认为承兑是债务负担单方行为，但对于第二阶段的票据转让行为则未作进一步阐述，这在票据保证的场合亦同。因此，在承兑及保证的场合，除第一阶段票据作成行为之外，是否应承认存在第二阶段票据的转让行为并不明确。另外，我国台湾地区学者郑洋一指出："绝对内部的行为即未开始与外部有何关联时，如何能发生权利？为何要承认其债权已发生等问题？均耐人寻味！按债权于人格者间有意思表示时始发生，否则应无发生之余地；又发票人与受票人间之票据让与如属物权契约时，非必以票据之交付为成立要件等理论，实难理解。"①

（三）菱田说

日本学者菱田政宏将票据行为分为作为票据债务负担意思表示的书面行为和票据的移转行为即交付行为两个行为，从而认为票据上意思表示的瑕疵亦有必要对书面行为和交付行为二者分别进行考察：② 首先，着眼于书面行为，票据行为人与第三受让人是债务负担意思表示的直接当事人，例如，行为人受票据授受相对人的欺诈而为票据行为，以书面行为（债务负担意思表示）的视角，从第三受让人的角度上，可以视为属"第三人实施欺诈"的问题；在通谋而为意思表示的场合，则可以作为"心中保留"的问题处理；③ 其次，着眼于交付行为，交付行为的瑕疵是有关票据转移的瑕疵，这种瑕疵应在票据交付的直接当事人之间进行考察，而交付行为的瑕疵不同于书面行为的瑕疵，第三受让人处于民法上的"第三人"地位。④

---

① 郑洋一：《票据法之理论与实务》，三民书局2001年版，第41页。
② 参见［日］菱田政宏《手形行为と意思表示の瑕疵》，《关西大学法学论集》第32卷第3·4·5合并号，第280页。
③ 参见［日］菱田政宏《手形行为と意思表示の瑕疵》，《关西大学法学论集》第32卷第3·4·5合并号，第282页。
④ 参见［日］菱田政宏《手形行为と意思表示の瑕疵》，《关西大学法学论集》第32卷第3·4·5合并号，第285页。

菱田说虽然是一种独创性的票据行为理论，但对其观点逻辑最为不解的是该说在交付行为存在瑕疵的场合，将民法的规定和票据法的规定交叉适用来确定对第三受让人的保护。菱田说主张："即使第三受让人有过失而无法适用民法关于善意人保护的规定，只要无重大过失即可以适用票据法上的善意取得规则；而第三受让人存在重大过失而无法适用票据法上善意取得规则的场合，亦可以适用民法不以无过失为善意人保护要件的规定。"① 可见，该说在交付行为存在意思表示瑕疵的场合，对于第三人的保护，如果民法所要求的善意不以无过失为要件即适用民法的规定；相反，如果善意以无过失为要件则适用票据法善意取得的规定，这在解释上显然缺乏统一性。②

（四）票据行为二阶段说

票据行为二阶段说（以下简称二阶段说）是在传统创造说的基础上形成，主要由日本学者铃木竹雄、前田庸、平出庆道、庄子良男及浜田道代等学者提出。传统创造说对票据行为采用一元的构成理论，仅以票据的作成为阐述对象，而票据行为二阶段说则对票据行为采取二元的构成理论，对票据的作成与票据的交付二者分别进行效力分析。

铃木竹雄在其著作《票据法·支票法》中，对于他所主张的票据行为理论作了如下的说明："创造说仅以证券的作成为考量对象，而契约说则将证券的作成和交付作为一体来把握，相对于此，可以将证券的作成和证券的交付二者均作为考量对象，分两个阶段，分别进行考察：第一阶段的'证券的作成'，是依签章人的单方行为而单方面进行，据此签章人负担票据债务，成立与该债务相对应的权利，同时该权利与证券相结合，而此种权利的原始主体是作为证券持有人的签

---

① 参见［日］菱田政宏《手形行为と意思表示の瑕疵》，《关西大学法学论集》第32卷第3·4·5合并号，第286—287页。
② 参见［日］高木正则《手形行为における意思の欠缺·意思表示の瑕疵》，《法律论业》第74卷第6号，第101页。

章人本人，因其同时又是义务人，所以不能现实地行使权利，但作为权利人得以处分其权利；第二阶段的'证券的交付'，是移转依证券的作成而成立之权利的行为，这在出票及背书的场合是当事人之间的契约，因此，如果没有签章人的票据交付，则无法转移权利，票据的盗取人及受托保管人应是无权利人，但是如果其具备形式资格，那么从该人处背书取得票据的持票人可以善意取得票据权利。总之，根据第一阶段证券的作成而产生的票据权利，在第二阶段依证券的交付而转移，作为例外依善意取得规则而取得权利。这样的思考方式，适用了有价证券上有关权利的存在与归属关系的理论，也是最符合有价证券本质的见解。"① 前田庸亦认为，票据行为是"由以负担票据债务、并将所成立的权利结合于票据为目的的票据债务负担行为，与以票据上权利的转移为目的的票据权利移转行为，此两个行为构成的法律行为"②。即票据债务负担行为是依票据的作成而成立，其不仅以负担票据债务为目的，而且以将与该债务相对应的权利结合于证券为目的，据此成立作为有价证券的票据；票据权利移转行为是依票据的交付而成立，并以转移结合在票据上的权利为目的的行为。③

概言之，在二阶段说之下，票据行为是由票据债务负担行为（票据的作成行为）与票据权利移转行为（票据的交付行为）两个阶段相互独立的行为构成的复合行为，前者是单方行为，基于票据签章人有效的意思表示而成立；后者是契约行为，基于直接当事人之间意思表示一致而成立。

综上，在票据行为一元论之下，作成行为和交付行为属事实行为，而二阶段说则认为，票据的作成行为与交付行为是分阶段进行的、相互独立的法律行为；作成票据和交付票据均以行为人意思表示

---

① [日] 铃木竹雄：《手形法·小切手法》，有斐阁1957年版，第142—143页。
② [日] 前田庸：《手形法·小切手法》，有斐阁1999年版，第59页。
③ [日] 前田庸：《手形法·小切手法》，有斐阁1999年版，第63页。

为基础，票据行为是一种复合的意思表示。

第二节　票据行为二阶段说的合理性

作为有价证券的票据，其流转的每一个阶段，无论是出票还是背书，保证抑或是承兑，都需要由行为人作出两个动作——作成行为与交付行为。详言之，行为人首先要在票据书面上进行记载和签章，再需要将已作成的票据交付于相对人以实现票据占有的实际转移。但是，票据的作成（记载及签章）与交付，作为人体机能意义上的两个动作，完全可以在时间与空间上分离而为之，而且不同于完成于票据书面上的作成行为，交付行为在票面上无从查知，而这些为二阶段说的形成提供了可能性。

一　票据行为二阶段说的解释功能

（一）票据债务负担行为的票据法意义

1. 与票据有价证券本质的融贯性

票据是完全有价证券，"有价证券是权利与证券的结合，而不是单纯的权利的证明，它是二者的统一物，对于有价证券来说，权利就是证券，而证券就是权利"[①]，因此，"票据"这一物的存在具有重要的法律意义。票据又是设权证券，证券上权利的发生以证券的存在为必要，因此，票据权利亦依票据的作成（记载及签章）而自始发生，同时票据证券与其所表彰的票据债权结合为一、密不可分，票据也就具有表彰权利且与其权利行使密切相关的特殊物的性质。

票据行为正是因为关乎特殊动产之票据的意思表示行为，而具有与其他法律行为不同的特点。例如，出票的场合，首先需制作票据，

---

① 赵新华：《票据法论》，吉林大学出版社2007年版，第6页。

遂将其交付于相对人，而票据的作成行为应理解为创设票据权利的行为，否则即使已作成票据，若无权利的存在，那么不能称之为"票据"，只能算是一张纸片。只要票据在形式上符合法律的规定，即应认定存在有效票据，而票据有效又意味着与其证券相结合的权利的存在，从而不得不认为票据权利亦有效产生。① 因此，如果现实地存在形式上符合法律规定的票据，那么就无法忽视"适法票据"的存在。如果按照契约说和发行说的观点，出票行为因欠缺交付、存在意思表示瑕疵或经撤销等而归于无效，则不能产生票据权利，但又主张这些事由不能对抗善意第三人、善意第三人仍然享有票据权利，导致票据权利在善意第三人处自始产生。依其理论，同一张票据证券在其流通的不同阶段票据权利忽有忽无，在某一阶段不表彰权利，而在另一阶段又表彰权利，无法形成逻辑统一的有价证券理论，其合理性值得怀疑。② 另外，根据票据行为独立原则，在同一票据上一个票据行为的无效不影响其他票据行为的效力，如我国《票据法》第14条规定，票据上存在伪造签章，不影响其他真实签章的效力，其他签章人仍应承担票据责任；即使被伪造的是出票签章，背书人亦可以转让该"伪造票据"，这意味着在伪造票据的场合，票据（票据权利）亦有效成立。

综上，基于票据的有价证券性、设权证券性特征，只要作成形式上符合法律规定的票据——"适法票据"，即存在表彰于该票据上的权利，因此，应将票据作成行为理解为创设票据上权利的行为，此在背书、承兑、保证的场合亦同。鉴于此，应对票据的作成行为亦即票据债务负担行为赋予独立的法律意义，进而探讨由该行为引发的法律效果。

2. 与票据多边关系的适应性

票据关系具有不同于一般民事法律关系的特性。民事法律关系通

---

① 参见［日］服部荣三《手形行为と民法》，《法学》第27卷第2号，第150页。
② 参见［日］服部荣三《手形行为と民法》，《法学》第27卷第2号，第150页。

常发生在直接相对人之间，以第三人的介入为例外；而由于票据是流通证券，票据关系以第三人的介入为常态，因此，一张票据上存在多方法律关系。如果进行归类分析，主要分为两类票据关系，即票据行为人与其直接相对人之间的票据关系和票据行为人与票据的第三受让人之间的票据关系。票据行为人与直接相对人之间的票据关系经票据行为人将票据交付于相对人而成立，与一般民事法律关系并无太大差别；而当票据经流通（背书转让）到达第三受让人时，先前在票据上签章的票据签章人即与该第三受让人发生票据关系，这是票据法所特有的。① 换言之，票据的作成行为（记载及签章）关系到票据行为人与直接相对人之外的不特定多数票据受让人，而票据的交付行为则仅关系到票据行为人与其直接相对人，这也是票据关系特殊性的原因所在。鉴于此，有必要区分票据的作成行为与交付行为，对二者分别进行效力判断，以求对各类不同性质的票据关系进行全面、系统的分析。

3. 与票据行为双重效果的一致性

票据法上的基本理论问题有：票据上的债权、债务存在与否的问题；以票据上权利的存在为前提的权利归属及权利行使的问题。也就是说，由票据行为引起的法律效果，主要分为债务负担方面和权利移转方面。②

（1）票据行为的债务负担方面

票据行为独立原则，是指在同一票据上所为的若干票据行为，其效力发生互不牵连，均分别依签章人在票据上所记载的内容独立地发生效力；即使某一票据行为无效致使该票据签章人不负担票据债务，票据上的其他票据签章人仍须各自依其有效签章而负担票据债务。可见，票据

---

① 参见［日］小桥一郎《手形行为の意义》，载河本一郎、小桥一郎、高洼利一、仓泽康一郎编《现代手形小切手法讲座》（第2卷），成文堂2000年初版，第9页。

② 参见［日］前田庸《手形权利移转行为有因论——债务负担行为与权利移转行为を区别する理论の妥当性》，载《现代商法学の课题》（中），有斐阁1975年初版，第919页。

行为独立原则是有关票据债务负担方面的问题，并不涉及票据权利的转移，因此，票据行为独立原则又称为票据债务独立原则。例如，甲以乙为收款人签发票据，丙盗取乙的票据并伪造了其与乙之间的背书后，再背书转让给丁，而丁为善意受让人。在这一事例中，票据持票人丁欲主张票据金额支付请求，须明确两个问题：一是丁是否享有票据权利；二是丁得向何人主张票据权利，即确定票据债务人。而第一个问题是权利移转方面的问题，第二个问题则是债务负担方面的问题。在上述例子中，乙未在票据上签章，当然不负担票据债务，而丙在票据上进行了签章，其必须负担票据债务。虽然不存在作为基础之前手乙的票据债务，但是丙的票据债务仍有效成立，此正是基于票据债务独立原则。此时，丙是否负担票据债务与丁能否取得票据权利应是相互独立的两个问题。当然，如果丁符合善意取得的构成要件而取得票据权利，那么可以向丙行使票据权利，但是即使丁未能取得票据权利，也不影响丙票据债务的成立。也就是说，不论丁能否取得票据权利，丙的票据债务均有效成立，在票据权利人向其主张票据权利时，亦须向其负担票据债务。

此外，票据法条文中亦存在应理解为仅涉及债务负担方面的规定，或者仅作为债务负担方面来理解才能导出合理结论的规定。[①] 例如，我国《票据法》第33条第1款规定："背书不得附有条件，背书时附有条件的，所附条件不具有汇票上的效力。"这一规定即应理解为涉及债务负担方面（票据的作成行为）的规定。再者，我国《票据法》第14条第3款有关变造的规定，即"票据上其他记载事项被变造的，在变造之前签章的人，对原记载事项负责；在变造之后签章的人，对变造之后的记载事项负责；不能辨别是在票据被变造之前或者之后签章的，视同在变造之前签章"，此规定亦仅适合于票据记载

---

① 参见［日］前田庸《手形権利移転行为有因论——债务负担行为と権利移転行为を区別する理论の妥当性》，载《现代商法学の课题》（中），有斐阁1975年初版，第925页注（5）。

事项中关于债务负担方面的问题,而针对收款人的记载等关于权利移转方面的问题上不能妥当适用。

(2) 票据行为的权利移转方面

善意取得是票据权利的取得方式之一,在票据权利的转让行为因存在瑕疵而不能发生权利转移效果的场合,为保护善意第三人而"修复"其瑕疵的制度,是涉及权利移转方面的问题。如甲以乙为收款人签发票据,丙盗取乙的票据并伪造乙丙之间的背书后,再背书转让给丁,而丁为善意的场合,因丙盗取了票据,故票据权利并不能从乙转让至丙,丙为无权利人。由于丙是无权利人,丙和丁之间原本不发生权利转移的效果,但是为了保护善意持票人丁,承认丁取得票据权利,反面又使原权利人乙丧失其权利的制度为善意取得制度。此时仅发生丙丁之间权利移转瑕疵及其"修复"的问题,并非是或乙或丙有无票据债务的问题。当然,一般而言,乙未在票据上进行签章因此无须负担票据债务,而丙则在票据上进行了签章,因此其必须依其签章负担票据债务。在此,乙不负担票据债务是因为乙的背书是伪造背书,所以其票据债务负担行为不能有效成立,而丙应该负担票据债务是基于票据债务独立原则,与善意取得制度无关。

票据法条文中亦有仅应理解为涉及权利移转方面的规定,或者仅作为权利移转方面来理解才能得出合理结论的规定。[①] 例如,关于收款人的记载是涉及权利移转方面的问题,因此,即使收款人的记载被他人变造,亦不能适用我国《票据法》第 14 条第 3 款关于变造票据上的签章人债务负担规则,因此,即使收款人的记载被变造之后取得背书连续之票据的持票人,亦不影响其票据权利的取得,变造之前签章的人除非举证证明该持票人为无权利人不得享有票据权利,否则须

---

① 参见[日]前田庸《手形権利移転行为有因论——债务负担行为と権利移転行为を区别する理论の妥当性》,载《现代商法学の课题》(中),有斐阁 1975 年初版,第 925 页注(5)。

向其负担票据债务。

综上所述，赋予票据债务负担行为以独立意义是符合票据、票据关系及票据行为本质特征的理论构成。因此，应当将票据行为按行为发生阶段分为债务负担方面即票据债务负担行为和权利转移方面即票据权利移转行为，对二者分别进行效力判断。

（二）票据权利移转行为的逻辑优势

根据二阶段说，依票据债务负担行为而成立的票据权利依第二阶段的票据权利移转行为而从签章人转移至受让人处。票据权利移转行为不同于契约说中票据债务负担行为与交付契约一体化的情形，是与第一阶段的票据债务负担行为相互独立的、有因的债权转让契约。票据权利移转行为有因论正是二阶段说与其他票据行为理论相区别的主要论点。诸多票据行为一元论，由于将票据的作成行为和交付行为一体化，所以不得不将其整体定性为无因或有因；而二阶段说将票据行为分解为两个行为即票据的作成行为（票据债务负担行为）和交付行为（票据权利移转行为），因此有因或无因亦可以分别进行考察，并且将主张交付行为（票据权利移转行为）存在瑕疵的无权利抗辩作为不同于对人抗辩的、独立的票据抗辩类型，而这正是二阶段说对票据法学最重要的理论贡献之一。[1]

在二阶段说之下，票据权利移转行为可视为是契约行为，其基于双方当事人意思表示一致而成立，与民法上一般的法律行为无本质上的差别，而且基于票据权利移转行为产生的法律关系是直接当事人之间的票据关系，不涉及对善意第三人的保护问题，因此，没有特别赋予无因性之必要，可以直接适用民法有关法律行为的一般规则，票据权利移转行为的效力受其原因关系状态的影响，即具有有因性，当直接当事人之间的原因关系不存在或归于无效时，权利移转行为亦归于

---

[1] 参见［日］庄子良男《手形抗弁论》，信山社1998年版，第492页。

无效，从而直接后手持票人无法取得票据权利，票据行为人亦无须向其履行票据债务，此为"票据权利移转行为有因论"。

1. 票据行为无因性理论的逻辑缺陷

为了保障票据的流通性与安全性，须将票据行为的效力同其原因关系相分离，使其不再受原因关系的影响，于是产生了票据行为无因性理论，并逐渐成为世界各国票据立法、票据学说及票据实务所公认的一项基本原则。而票据行为的无因性，"并不是说票据行为之所以发生，其本身不存在原因关系，而是说，是基于现实的需要，在法律上将二者予以分离，从而形成票据行为的无因性特征"①。换言之，"票据行为的无因性，乃是基于社会经济生活对票据所提出的要求，而由法律即票据法所特别赋予的，并非票据行为所固有的"②。可见，"票据行为的无因性并不是票据行为自身法律逻辑的必然产物，是法律为适应经济生活的需要而特别创设的，是立法技术的处理结果"③。因此，确定票据行为无因性原则的适用范围，应以无因性的含义及其创设宗旨为基础。

虽然原因债权与票据债权是两个相互独立的请求权，但毕竟在经济上有关联性，并非毫无联系，因此，如果一味地坚持无因性而将原因债权与票据债权完全隔开，不仅不可能，更是忽视对公平和诚实信用的追求，亦是不可取的。票据法之所以规定票据为无因证券，旨在保护正当票据持票人、保障票据的流通性，但是，不能因此而轻易舍弃对出票人或者持票人前手权利的保护，这亦非票据法的本意所在。鉴于此，普遍认为，票据授受当事人之间的原因关系抗辩以及对第三人的恶意抗辩为票据行为无因性原则的例外。

---

① 赵新华：《票据法论》，吉林大学出版社 2007 年版，第 43 页。
② 赵新华：《票据法论》，吉林大学出版社 2007 年版，第 43 页。
③ 于莹：《论票据的无因性原则及其相对性——票据无因性原则"射程距离"之思考》，《吉林大学社会科学学报》2003 年第 4 期。

例如，本票在甲乙丙之间转让，在乙丙之间的原因关系不存在/无效或者乙清偿票据债务后未收回票据等场合，丙本应将票据返还给乙而未返还，却向出票人甲请求支付票据金额。同上，在原因关系不存在/无效而应返还票据的现实持票人，向其他票据债务人请求支付票据金额的场合，是否可以支持丙的请求，法律并没有作出明确的规定。根据票据行为无因性理论，票据行为的效力不受其原因关系的影响，从而，即使乙与丙之间的原因关系不存在/无效，也不过是乙丙之间的对人关系，产生对人抗辩，而甲则不得以乙与丙之间的对人抗辩事由而拒绝向丙支付票据金额。但是，如果承认负有向乙返还票据之义务的丙享有向甲请求支付票据金额的权利，那么无论在其结果上，还是在理论逻辑上，都是不合理的。①

第一，作为承认丙得对甲行使权利的根据之一就是认为：即使允许丙行使票据权利，丙亦应将从甲处获得的票据金额返还给乙，从而防止发生丙的不当得利。② 这就相当于乙委托丙代为收款。但是，此时乙自然没有委托丙代其进行收款的意思，反而处于得请求返还票据的地位。可见，此种论述逻辑没有顾及乙的真实意思，更没有理由以损害乙的利益为代价而承认丙的权利行使。并且，事实上，对于负有返还票据的义务而不履行，反而从甲处获得票据金额的丙来说，期待其向乙返还票据金额亦是不可能的。

第二，有学者认为，如果不承认丙对甲的票据金额支付请求，那么，在丙怠于向乙返还票据或者废弃票据的场合，甲虽然处于票据主债务人的地位，但却被免除了票据债务，这种结果是不合理的。在丙怠于向乙返还票据的场合，乙完全可以提起票据返还请求诉讼而取得

---

① 以下主要参见［日］前田庸《手形法·小切手法》，有斐阁1999年版，第87—90页。

② 参见大塚龙儿《裏書の原因関係が無効·消滅の場合の被裏書人の地位》，载《商事法の諸問題》（石井照久追悼论文集），有斐阁1974年初版，第58页。

票据的返还；而在丙废弃票据的场合，亦可以依公示催告获得除权判决，从而得向甲请求支付票据金额。可见，在法律上不可能免除甲的票据债务。当然，如果乙怠于履行上述程序，也可能导致免除甲的票据债务的结果，但是，此时权利人乙自己放弃行使权利，即甲票据债务的免除是基于乙的不作为所致，并非绝对不可以，而且因权利人放弃权利而使义务人得利的情况也并非罕见，而如果让负有返还票据的义务而未履行的丙获得利益，显然更不合理。

第三，有学者认为，该问题之所以发生归根于乙对于丙未返还票据一事置之不理，或者在未获票据返还时怠于救济，因此，承认丙对甲的权利行使，事后再由乙向丙主张不当得利返还请求权，乃属其当然应受之结果。① 但是，这种情况并非仅在乙想要收回且能够收回票据却怠于收回的场合才发生。例如，乙与丙缔结了买卖契约，作为价金支付方法，乙将票据背书转让给了丙，在丙未交付买卖标的物，而乙解除买卖契约的场合，并不是乙欲收回票据就能够及时收回。而且应该说，即使在乙能够收回票据而怠于收回的场合，对于负有向乙返还票据而未予返还的丙来说，承认其得向甲行使权利无论如何都不恰当。

第四，即使采取承认丙享有对甲的票据金额支付请求权的观点，亦须承认乙对丙享有票据返还请求权，而这也就承认了丙对甲的票据金额支付请求权与乙对丙的票据返还请求权这两个原本不能两立之权利的并存。因为，如果乙向丙请求返还票据并获得返还，那么丙就无法行使对甲的权利；反之，如果承认丙得对甲行使权利，乙则不能向丙提出票据返还请求。如果承认二者的并存，在丙请求甲支付票据金额的诉讼和乙请求丙返还票据的诉讼若同时被提起，则产生如何处理

---

① 参见仓泽康一郎《手形の无因性と人の抗弁》，《手形研究》1966 年第 109 号，第 10 页。

双方请求权的棘手难题。

第五，如在乙与丙之间为支付赌债而背书转让票据的场合，日本曾有判例否认丙对甲的权利行使。这一结论，如果以无因性理论很难作出合理的说明。但是，在乙与丙之间的原因关系无效的场合，如能否认丙对甲的权利行使，这一问题即可容易得到解答。又如，在出票人 A 与收款人 B 之间的原因关系不存在/无效的场合，作为出票人的票据保证人 Y 能否向 B 主张 A 对 B 的原因关系抗辩学界有分歧，而为了否定 B 对保证人 Y 行使权利，学者尝试以各种理论逻辑加以证成。但是，在上一案例中，如果在背书人乙与被背书人丙之间的原因关系不存在/无效的场合即能否定丙向出票人甲行使权利，就不难导出此处否定收款人 B 对保证人 Y 行使权利的结论。因此，欲使上述问题得到统一、合理的解释，那么，在乙与丙之间的原因关系不存在/无效的场合，否认丙对甲行使权利的结论才是最为恰当的。

综上所述，为保障票据的流通及交易安全，在票据行为人与第三受让人之间的关系上须肯定无因性原则的适用，但其适用范围不应及于全部票据行为领域，在未涉及第三人的票据交付直接当事人之间以及对恶意受让人，则无适用无因性原则的必要。虽然赞同票据行为无因性论者亦将直接当事人之间的票据关系作为无因性原则的适用例外处理，但是，此种票据关系也是票据法所规范的重要的法律关系之一，而将其作为例外情况难免有失偏颇。

2. 票据行为相对无因论的逻辑缺陷

票据行为无因性理论将原因债权与票据债权分为相互独立的两个请求权，但因二者在经济上的一体性，完全将其分割，不仅是对私法逻辑的背离，更是对公平和诚实信用的忽视。因此，不能以损害出票人或持票人前手的正当权益为代价来换取对善意持票人利益的保护。为了解决票据行为无因性理论对前手正当权利人利益保护的欠缺，当前受我国多数学者青睐的学说是"相对无因论"。

票据行为相对无因论主张，"票据行为的无因性是相对的，在特殊情形下，原因关系与票据关系并不完全分离，票据债务人对票据债权人的抗辩也不能完全被切断；因此，在坚持票据行为无因性原则的基础上，兼顾到无因性的相对性特性，实现票据法促进流通、保护交易安全的双重立法目的。"① 无因性理论的适用例外，包括两种情形："第一，在授受票据的直接当事人之间，票据债权人请求票据债务人履行票据债务时，票据债务人可以以授受票据的原因关系作为抗辩事由对抗票据债权人；第二，对于恶意取得票据的持票人，票据债务人可以以其与出票人或持票人前手之间所存在的原因关系上的抗辩事由对抗恶意持票人。"② 然而，票据行为相对无因论，同样存在以其自身无法克服的逻辑缺陷。

根据同一律的逻辑，同一个主体在同一时间、从同一方面对同一事物作出的判断必须保持同一，但根据相对无因论（同一主体），直接前后手之间的票据关系为有因关系，间接前后手之间的关系为无因关系，承兑人、保证人与持票人因非直接前后手关系而被认定为无因关系。其结果，"当出票人与承兑人竞合（同一时间）时，持票人与之关系究竟属于无因关系还是有因关系、持票人究竟享有票据权利还是不享有票据权利（不同判断），不能自圆其说"③。不仅如此，在票据行为效力的认定上，同样存在难以克服的悖论。根据相对无因论，在直接当事人之间不适用无因性原则，因此，原因关系不存在或者消灭时，票据行为也随之归于无效；而在票据行为人与票据的第三受让人之间，却又适用无因性原则，原因关系之状态不影响票据行为的效力，票据行为仍然有效。然而，票据行为人自始至终仅实施了一个票

---

① 张澄：《试论票据行为的无因性及其相对性——兼评我国〈票据法〉第十条》，《政治与法律》2006年第1期。
② 汪世虎：《票据法律制度比较研究》，法律出版社2003年版，第76—77页。
③ 傅鼎生：《票据行为无因性二题》，《法学》2005年第12期。

据行为，而这一个行为，在相对无因论的逻辑下会导致有效与无效两个不同的判断，这同样是对同一律的违反。

另外，票据行为相对无因论还有违票据的有价证券属性。票据是完全有价证券，只有依靠票据证券，才能发生、行使和转移票据权利。票据又是设权证券，其并不单纯是对既有权利的证明，而是对既无权利的设定，即在票据证券作出之前，并不存在票据权利，待票据书面完成之后，才自始发生票据权利，票据这一证券与其所载票据债权结合为一。因此，如果存在形式上符合法律规定的票据，即存在"适法票据"就具有法律意义；不论实质状况如何，只要书面形式符合法律的规定，票据即有效，从而不得不认为票据权利亦有效产生。如果按照票据行为相对无因论的观点，以直接当事人之间的除外情况为例，在直接当事人之间排除适用无因性原则，那么，原因债权不成立或无效，导致票据行为无效，从而无法产生票据债权，票据行为人也无须履行票据债务，也就无法实现票据证券与权利的结合，固然没有票据这一证券。而在票据行为人与善意的第三受让人之间，得适用无因性理论，善意第三人又可以据此"票据书面"行使票据债权，要求票据债务人履行票据债务。可见，根据票据行为相对无因论，亦存在先前无效的票据权利在善意第三人处自始发生而致使同一票据证券在其流通的某一阶段不表彰权利却在其他阶段又表彰权利的悖论。又如，根据相对无因论，若出票行为因原因关系之故归于无效，无从谈起票据债权，那么，即便存在"适法票据"，但因其无权利内涵，只能算是单纯的纸张一枚；而相对无因论又主张于涉善意持票人之情形，排除对原因关系因素的考虑，其结果，直接当事人之间的"单纯纸张"在善意持票人处却又成为行使请求权的凭证——票据证券，这显然是不合理的。

3. 票据权利移转行为有因论的合理性①

在上一个事例，即"本票在甲乙丙之间转让，在乙丙之间的原因关系不存在/无效或者乙清偿票据债务后未收回票据等场合，丙本应将票据返还给乙而未返还，却向出票人甲请求支付票据金额"，作为否认丙对甲行使权利的理论根据，历来提出有权利滥用法理、不当得利抗辩等等。虽然根据这些理论可能会得出相同的结论，即便如此，在解决实际问题的同时，能以统一的、逻辑贯通的理论加以阐释，同样重要，况且与适用票据权利移转行为有因论得出的结论也未必相同，而本文认为票据权利移转行为有因论是最为合理的。

第一，以票据行为无因性理论为前提，在乙与丙之间的原因关系不存在/无效的场合，依权利滥用法理或者违反诚实信用原则来否定丙对甲行使票据权利，则可能会导致前后不一致的结果。因为，在乙与丙之间原因关系不存在/无效的场合，特别是在若承认丙向甲行使权利则明显不当的场合，依权利滥用法理或者诚实信用原则而否认丙行使权利应属个别情况，但是在乙丙间原因关系不存在/无效的场合，须经常导出否认丙行使权利的结论，那么，又只能采取否定票据行为无因性原则的立场。而一方面仍坚持票据行为的无因性，另一方面又以权利滥用理论否定票据行为的无因性，这本身就是对权利滥用法理的滥用。②

第二，通常，可以将票据债务人拒绝向票据持票人支付票据金额的抗辩，分为对物抗辩与对人抗辩，这是从票据债务人的角度所作的划分。如果从票据持票人的角度上，得接受所有票据债务人的抗辩对抗者为票据上的无权利人。票据上的无权利人，通常为票据的盗取人、拾得人以及保管人等。但是，在乙与丙之间的原因关系不存在/

---

① 参见［日］前田庸《手形法・小切手法》，有斐阁 1999 年版，第 94—97 页。
② 参见［日］前田庸《手形法・小切手法》，有斐阁 1999 年版，第 95 页。

无效的场合，如果不仅乙可以拒绝向丙负担票据债务，甲亦得拒绝向丙负担票据债务，那么，丙应为票据上的无权利人。然而，以票据权利移转行为无因论以外的其他理论予以说明，则会将受到对物抗辩相对抗的持票人分为两类：一类是无权利人；另一类则是权利人，但其权利的行使要受到权利滥用或者不当得利抗辩的对抗。应该说，这种理论构造是复杂而无益的。

综上，在乙与丙之间的原因关系不存在/无效的场合，作为否认丙向甲行使票据权利的理论依据，根据票据权利移转行为有因论确认丙为票据上的无权利人，是最为恰当的。而且，是采取以乙为权利人的思考方式，还是采取以丙为权利人并依权利滥用法理等又否认其权利行使的思考方式，在结果上不能说完全没有差异。例如，在乙丙间的原因关系不存在/无效的场合，就丙的债权人与乙之间关系而言，则可能发生如下问题：在丙的债权人已对该票据强制执行或者在丙破产的场合，是承认乙主张第三人异议或者该票据的取回权；还是基于该票据已成为丙的债权人的一般担保而乙只能作为单纯债权人之一参加强制执行后的分配；或者在丙破产的场合，乙作为破产债权人而行使权利？如果采用票据行为无因性理论，那么，票据权利应该属于丙（适用权利滥用法理亦以票据权利归属于丙为前提），因此，乙只能请求返还该票据的债权，自然得出第二个结论；而如果依票据权利移转行为有因论，乙则为该票据上的权利人，自然得出第一个结论。此时，作为丙的一般债权人来说，该票据仅具有作为丙一般财产的意义，但是对于乙来说，就该票据具有固有的利益，因此，得出第一个结论才是妥当的，从而能够导出第一个结论的权利移转行为有因论最应被支持。再者，在丙自行废弃票据的场合，如果将丙视为权利人，则属于丙自行放弃自己的权利，甲当然得免除票据债务，而乙只能向丙请求损害赔偿，而不能向甲请求支付票据金额，但如果认定乙为权利人，即使在丙废弃票据的场合，乙作为票据权利人，亦得依公示催告程序获得除权判决而可向甲请求支付票据金额。哪一个结果更为妥当，似乎自不待言。

此外，在采取承认丙为权利人、同时又否认其权利行使的理论，由谁来行使权利并能使时效中断，也存有疑问。根据票据行为无因性，原因关系无效不影响票据行为的效力，那么乙为无权利人，只能由丙采取时效中断的措施；但如果根据权利移转行为有因论，乙作为权利人可以采取时效中断措施，而实际上，乙才是与票据上的权利具有直接利害关系之人，因此，能够肯定乙采取时效中断措施的有因论，无疑是最合理的。

当然，将丙视为无权利人的理论前提是承认债务负担行为的独立性，即必须确认依票据的作成行为而创设票据权利，再经由交付行为转移该票据权利。如果不赞同债务负担行为创设票据权利的观点，也就无法承认权利移转行为的独立性，更无法提出权利移转行为有因论。

二　对票据行为二阶段说否定之否定

票据法学者对二阶段说的批判和质疑，可归纳为以下几点：① 第一，票据交付之前就认为票据债务负担行为已完成，导致在人与人之间尚未现实地发生法律关系的阶段即承认成立票据权利，进而只能认为票据作成之初成立自己对自己的债权，义务人同时又为权利人，这实难认同；第二，二阶段说认为，在债务负担层面上与交付行为无关联，但是如票据作成行为之时无意思能力而交付行为之时恢复意思能力的场合，结论上又必须肯定意思能力的存在，而根据二阶段说票据

---

① 参见［日］伊沢和平《手形行为と善意者保护のあり方》，载竹内昭夫编《特别讲义商法Ⅱ》，有斐阁1995年初版，第100—114页；［日］丹羽重博《手形·小切手法概论》，法学书院2007年第3版，第75—76页；［日］前田庸《手形法·小切手法》，有斐阁1999年初版，第53页。

作成之时债务负担行为已完成，因此难以得出肯定意思能力存在的结论；第三，仅依证券的作成即认定这表明了签章人负担债务的意思，不符合实际情况；第四，根据二阶段说仅依证券的作成而负担票据债务，也就表明仅以证券的作成为归责事由，而这对于票据行为人过于苛刻；第五，将出票、背书等单一的法律行为分割为性质不同的两个行为，不合逻辑，同时引发很多问题。对此，下文中逐一进行分析。

第一，对于第一个问题，如果仅从债权债务关系或者债权法理的观点理解，自己为债务人的同时又为债权人确实不合逻辑，但是，票据债务负担行为并不仅仅是债务负担层面上的问题，同时也是将（与票据债务相对应的）票据债权结合于票据这一有价证券上的行为，即作成有价证券的行为，而有价证券的完成之人于交付之前为该有价证券的权利人并非不合理。① 而且，无论根据何种票据行为理论，即使记载某人为收款人，此人亦非立即成为票据权利人。例如，依契约说，只有在向此收款人交付票据的情况下，其才能真正成为票据权利人，对此是没有差异的。在二阶段说的立场上，不过是在将已作成的票据交付于收款人之前以票据的签章人为权利人而已，而这符合有价证券法理。② 此外，在具备法定要件的书面上进行签章即完成票据债务负担行为，从而使票据签章人成为最初的权利人，这一根据亦可以从其自身加以说明。票据签章人在将票据交付于票据权利人之前是对其不负担债务，直到有了授受票据才自始产生现实地行使权利的问题。但是，在法律上，进行记载并为签章而完成票据，即不论持有背书连续票据的持票人为何人，票据签章人如果不能举证证明持票人为无权利人，不仅无法免除票据责任，可以对抗直接相对人的对人抗辩也被切断，从而必须根据票据上记载文义负担票据债务。因此，通常

---

① 参见［日］前田庸《手形法·小切手法》，有斐阁1999年版，第54页。
② 参见［日］前田庸《手形法·小切手法》，有斐阁1999年版，第54—55页。

情况下，票据上进行签章的人应该很清楚其所为签章行为会使其承担非常严格的票据责任。可见，票据签章是票据行为人将依票据所载文义负担票据债务之意思，表示于证券上的行为，因此，应将签章行为理解为负担票据债务的意思表示。而在向特定的相对人交付票据之前，签章人可以损毁票据而免除票据债务，即签章人自身享有对该票据的处分权，票据权利人处于无法现实地行使权利的状态。可见，票据的交付行为就是将既有的票据权利赋予特定相对人的权利转移行为。总而言之，依票据签章的完成即可成立票据债务负担行为，产生不同于原因债权的票据债权（票据债务），这一票据权利是事先拟制经流通而必然与第三人产生法律关系的财产权，因此，在流通中无法依混同而消灭。出票人基于自己的票据作成行为而成为最初的权利人，同时也是最初的票据所有人，而这是因为证券是债权的附属物，体现了票据的有价证券本质。[1]

第二，有学者指出：如果实施票据作成行为时欠缺意思能力，而在实施票据交付行为时又恢复意思能力的场合，应得出"肯定意思能力存在"的结论才是合理的，但是如果根据二阶段说的主张票据作成之时即视为债务负担行为已经完成，那么无法得出上述"肯定意思能力存在"的结论。诚然，根据二阶段说，票据作成之时无意思能力会使初始的票据债务负担行为归于无效，但是，作为实施交付行为的前提，交付之时恢复意思能力完全可以理解为在具备意思能力状态下重新进行了债务负担意思表示，况且意思表示可以以明示或默示的方式为之，因此，具备意思能力之下进行了票据的交付，可以视为对前一行为（票据债务负担行为）的默认，由此票据债务负担行为得以有效成立。这种情形既可以认为是"修复"票据债务负担行为的瑕疵，也可以认为是对无效行为的"追认"，而这应该是当然的逻辑，并非

---

[1] 参见［日］庄子良男《手形抗弁论》，信山社1998年初版，第473—474页。

是二阶段说的适用缺陷。①

第三，如同传统创造说仅从债权债务关系这一层面理解票据行为，认为票据行为是"作为票据债务发生原因的法律行为"，就会存在反对论者指出的第三个问题。但是，二阶段说主张票据行为由票据债务负担行为和票据权利移转行为两个行为构成，并不是仅从债权债务关系的角度来把握票据行为。根据二阶段说，票据债务负担行为（票据作成行为）的效力重点在于将票据债权与证券相结合，完成作为有价证券的票据，而后由签章人通过票据交付行为让与权利。② 另外，根据二阶段说，票据签章人依其票据作成行为而负担票据债务，从而在其票据被盗或遗失的场合，对于无恶意或者无重大过失的票据受让人亦承担票据责任，此时不能说签章人完全没有债务负担的意思，当初进行票据记载与签章之时（票据作成行为）签章人事先自然清楚所为的签章行为可能导致的法律后果——基于其签章行为日后可能会发生票据所载金额的支付义务，所以至少应理解为具有可归责于"具有债务负担意思"的事由。

第四，提出上述第四个疑问的学者通常所举的例子是，如果票据作成后保存在严密的金库中，却被专业小偷打开金库而将票据置于流通的场合，应该认为票据签章人没有归责事由。③ 诚然，将票据保管在"严密的金库中"的票据签章人确实持谨慎态度，但是，如果考虑到"即使是高性能的金库若遇专业人员都有可能被开启"，签章人是否应更加慎重，如果不是当场签发的票据，在保管前不应进行签章？既然可以不进行签章而保管以避免危险，那么，在上述的事例中不能说票据签章人全然没有归责事由。④ 对此，又有学者指出，如果

---

① 参见［日］庄子良男《手形抗弁论》，信山社1998年版，第476页。
② 参见［日］前田庸《手形法·小切手法》，有斐阁1999年版，第54页。
③ 参见［日］伊沢和平《手形行为と善意者保护のあり方》，载竹内昭夫编《特别讲义商法Ⅱ》，有斐阁1995年版，第114页。
④ 参见［日］庄子良男《手形抗弁论》，信山社1998年版，第476—477页。

将除签章之外的其他票据要件全部具备的票据用纸与出票用印章一起保存在金库中，却被专业小偷盗取，盗取人用票据用纸和印章完成票据后投入流通的场合，即使根据二阶段说，因票据债务负担行为未完成也不应发生票据上债务。在这种场合，票据的盗取人实际上实施了票据伪造行为，因此，签章被伪造的本人不承担票据责任是当然之事；仅在可以认定被伪造人具有适用权利外观理论的归责事由的场合，签章被伪造的对物抗辩不能对抗善意的票据受让人。① 原则上，未依自己的意思进行签章之人不负担票据债务，因此，应将"已作成的票据保管在金库中"的场合与将"票据用纸与印章一起保管在金库中却被他人伪造出票"的场合予以区别，不能等同而论。② 与此相类似的情形，还有在受外力的绝对强制下为签章的场合，因签章人根本未作出任何意思而发生票据债务负担行为不成立的对物抗辩。如果在票据用纸上签章后保管期间受外力的绝对强制而为交付的场合，认定应负担票据债务，似乎为不均衡的结果。但是，此时是否"基于自己的意思而签章"具有决定性的差异，所以既然以自己的意思进行了签章，对签章行为的法律后果有认识，至少对善意第三人利益的保护上，被盗或遗失票据的场合与因受外力的绝对强制而交付票据的场合应无差别。

第五，出票、背书等票据行为实际上均应实施两个行为（签章行为和交付行为）才能最终完成，行为人依签章行为而成为票据签章人，票据签章人将作成的票据通过实施票据交付行为而转让票据，由于是两个行为常常在空间上和时间上相分离，因此将票据行为分为票据作成行为（票据债务负担行为）与票据交付行为（票据权利转移行为），不仅可能，而且符合现实逻辑，在整体把握票据法律关系上

---

① 参见［日］庄子良男《手形抗弁论》，信山社1998年版，第477页。
② 参见［日］庄子良男《手形抗弁论》，信山社1998年版，第477页。

更是不可或缺的思考方式。①

综上，二阶段说彻底贯彻了有价证券法理，是完全符合票据本质属性的基础理论。契约说的着眼点在于债权债务关系，忽视权利与证券的结合；而发行说无论在哪一方面都是不彻底的。对此，有学者可能会认为即使在有价证券上也是以权利为中心，证券不过是提高其流通性的手段，从而无法赞同以证券为中心的观点。诚然，证券确实仅为提高权利流通性的手段，但是，既然作为一种手段其采取了权利与证券相结合的构造，那么，票据法就需要构筑适合于这种基本构造的理论体系。②此外，票据诸制度所要解决的是票据债务负担方面或票据权利移转方面二者中的某一问题，因此，即使采取仅以票据的作成及交付不足以成立票据行为、还须有相对人承诺意思表示的契约说，抑或成立票据行为必须依行为人的意思转移票据占有的发行说，票据行为独立原则仍是债务负担方面的问题，而善意取得制度自然是权利移转方面的问题，从而不得不区分债务负担方面和专利移转方面来探讨涉票据的法律问题。总之，票据行为一元论一方面指出就票据行为本身区分债务负担方面和权利移转方面不合逻辑，另一方面构建票据基本原则和基本制度上又不得不区分债务负担和权利移转，缺乏理论脉络的统一性和延续性。而采用票据行为二元构成区分票据作成行为（票据债务负担行为）和票据交付行为（票据权利移转行为）的二阶段说，可以以其理论构造统一阐明各类票据法律关系，阐释票据基本原则和基本规则的适用逻辑，具有其他学说理论无法比拟的强大解释功能。

综上所述根据二阶段说的主张，票据签章人在票据上进行记载及签章，意味着其到期要负担票据债务，而票据辗转到某一第三持票人

---

① 参见［日］前田庸《手形法·小切手法》，有斐阁1999年版，第55页。
② 参见［日］前田庸《手形法·小切手法》，有斐阁1999年版，第55—56页。

手中，意味着票据权利实现了转移。因此，可以说，"票据上的法律关系包括票据债务负担与票据权利移转两个方面，而这两个方面分别具有不同的性质"①。票据作成人是否应负担票据债务是有关票据债务负担方面的问题；票据受让人能否取得票据权利是有关票据权利移转方面的问题。传统的票据行为理论将讨论的焦点置于票据债务的发生方面，因此，在解决票据权利移转方面的问题之时，如欠缺交付等情形就显得束手无策。而二阶段说则从债务负担和权利转移两个方面阐明票据上的各类法律关系，能够较好地应付欠缺交付等情况。具体而言，二阶段说以其理论构造阐释各类票据关系具有如下优势。

第一，二阶段说可以以其理论更为清晰且合乎逻辑地说明票据法上基本原则和基本制度的相互关系及适用逻辑：票据行为独立原则是票据债务负担行为的基本原则，解决债务负担层面上的问题；善意取得是关于票据权利移转行为的基本制度，其可以"修复"权利移转行为的瑕疵，使得善意第三人有效受让票据权利，解决权利移转层面上的问题；对人抗辩的切断是票据债务负担行为和票据权利移转行为均有效成立且无瑕疵，但基于票据外的法律关系（主要是原因关系）而产生抗辩的场合，该事由在对善意人的关系上得排除，从而"修复"原因关系瑕疵的制度。②

第二，二阶段说以票据债务负担行为和票据权利移转行为两个概念得以明确划分票据抗辩的分类：在票据债务负担行为欠缺成立要件的场合构成对物抗辩；票据权利移转行为存在瑕疵的场合构成无权利抗辩；票据行为本身无瑕疵，但因票据外的法律关系事由（主要是原因关系）所产生的抗辩为对人抗辩，丰富和完善票据抗辩理论。③

第三，二阶段说可以不依赖于权利外观理论等其他理论即可得出

---

① 参见［日］前田庸《手形法·小切手法》，有斐阁1999年版，第56页。
② 参见［日］前田庸《手形法·小切手法》，有斐阁1999年版，第67页。
③ 参见［日］庄子良男《手形抗弁论》，信山社1998年版，第473页。

对票据债务成立要件的合理结论，并对阐明围绕着票据所发生的各种法律关系也有着重要作用。票据行为理论主要是围绕着票据债务的成立要件展开讨论的，但是票据上的法律关系，并不仅限于债务负担方面，还涉及权利转移方面的问题。换言之，围绕着票据产生的法律关系有着票据债务负担方面与票据权利移转方面两条脉络，而且这两个方面又具有不同的性质。① 因此，在探讨票据法律问题时，必须首先确定其属于哪一层面的问题，而二阶段说得以区分债务负担和权利移转两个方面明晰各项票据制度和理论的适用逻辑，这不仅有利于对涉票据问题进行整体性把握，也有利于对各项制度和规则进行分析和检讨。

综上，票据行为阶段性划分理论，能够逻辑自洽地解释票据权利的存在与归属关系，与票据的完全有价证券特性相适应，因此，可加入"票据行为是什么"的本质主义讨论。而且，在欠缺交付等情形，二阶段说无须借助其他理论而仅以自身的理论构造就足以逻辑自洽地解释围绕着票据产生的各类法律关系，此为二阶段说最大的逻辑优势。

第三节　票据行为与票据上意思表示

在二阶段说之下，票据行为由票据债务负担行为和票据权利移转行为构成，票据行为人须完成两个阶段的两个行为最终才能发生票据行为的效力。换言之，引起票据关系发生、变动的票据行为由复数意思表示构成，票据行为人须作出两项意思表示，即债务负担意思表示和权利移转意思表示才能自始与他人发生票据关系，负担票据债务。那么，是否所有票据行为类型即出票、背书、承兑及保证等行为均由两个行为构成而其行为效力的发生须由票据行为人发出两项意思表

---

① 参见［日］前田庸《手形法・小切手法》，有斐阁1999年版，第56页。

示，在下文中进一步探讨。

一 票据行为与债务负担意思表示

票据上债务的发生是否均为票据行为人意思表示的效果，学者见解不一。本票的出票行为、汇票的承兑行为及票据保证行为是以发生票据债务为目的的行为，亦即其票据债务的发生是票据行为人意思表示的效果；但是，背书行为是以票据权利的转让为目的，背书人仅在票据不获承兑或付款时，承担偿还义务，即负担票据债务；而汇票的出票行为是以委托支付为目的，亦仅在汇票不获承兑或付款时，作为最后的偿还义务人负担票据债务。在背书行为及汇票出票行为的场合，票据债务的发生（偿还义务的负担）是意思表示的效果，还是法定的效果，票据法学界有不同的观点，如果认为是非意思表示而是法定的效果，那么在背书行为及汇票出票行为上不存在债务负担意思表示。

有学者认为，票据债务既然依票据行为而发生，那么当然应该以当事人的意思为依据，本票的出票人、汇票的承兑人和保证人的付款义务自不待言，背书人及汇票出票人的偿还义务亦是票据行为人意思表示的效果。[1] 根据这一观点，不论本票的出票、汇票的承兑及保证抑或汇票的出票和背书，凡票据行为均存在行为人的债务负担意思表示。另一观点则认为，即使票据债务依票据行为而发生，这也并非必然是意思表示上的效果，也存在"不问当事人愿意与否，均必发生之法定责任及对人抗辩之切断，乃出于确保票据流通之政策上所考虑之法定效果"[2]；而且，票据行为以票据上记载为其意思表示内容，因此，票据行为意思表示的内容必须根据票据上记载而判断，从而，本

---

[1] 参见［日］铃木竹雄《手形法·小切手法》，前田庸补订，有斐阁1992年版，第113—114页。

[2] 郑洋一：《票据法之理论与实务》，三民书局2001年版，第43页。

票的出票行为、汇票的承兑行为以及票据保证是以负担票据债务为目的；汇票的出票行为是以委托支付为目的，而与之相伴的偿还义务并非是意思表示上的效果，而是法定的责任；背书行为是以转让票据债权为目的，而背书人的偿还义务亦是法定的担保责任。① 偿还义务的发生是考虑到背书人及汇票出票人已受领对价的关系，为保障票据的流通性而课以票据行为人的法定效果；如果背书行为及汇票的出票行为属于票据债务负担行为，那么就不可能存在无须承担偿还义务的背书，如无担保背书等的存在。总之，根据上述观点，背书人和汇票出票人的偿还义务是法定的效果，故背书行为及汇票的出票行为上不存在债务负担意思表示，而仅以权利移转意思表示构成。

然而，将偿还义务的负担理解为与背书人及汇票出票人的意思全然无关的观点是否合理，不无疑问。票据是一种有价证券，是权利与证券相结合的产物，而票据金额支付请求权，使票据作为一种财产而存在。票据行为人因其行为指向票据金额支付请求权而参与到票据关系中，即票据行为本身必须直接指向票据金额支付请求权，因此，完全可以将所有的票据行为理解为"以负担债务为目的的行为"。这不仅能在票据的沿革中得到证实，而且还能以票据关系参与者的意思中亦能体现。

首先，追溯到票据产生初期，以本票为本体，将作为其手段而使用的支付委托状独立出来的产物便是汇票，而汇票出票人的偿还义务虽然并未显示在书面上，但认为是当然包含之事，或者认为在出票人的对价受领文句中已表明负担债务的意旨；而背书人的偿还义务，则认为当初记载对价受领文句时所记载的，其后无须记载时亦视为当然有其适用。② 这与背书原本是依指示文句而进行，但在省略指示文句

---

① 参见[日]田中耕太郎《手形法小切手法概论》，有斐阁1935年版，第112—113页。
② 参见[日]铃木竹雄《手形法·小切手法》，前田庸补订，有斐阁1992年版，第113页。

时亦当然发生背书效力的情形如出一辙。偿还义务是在票据行为人已受领对价的情况下，以背书人及汇票出票人通常具有偿还债务的意思为前提，从而在票据上未明确表示的场合亦被认可，最终上升为立法规定。可见，法律规定背书人及汇票出票人负担偿还义务，并非仅仅是出于政策上的考虑而强制其负担毫无根据的债务，而是以有责任承担某种债务为前提，以在实施票据行为时通常具有偿还债务的意思为根据。尤其是，现如今汇票的出票行为及票据背书行为已由法律固定为始终伴随有偿还义务的情况下，当事人仍然进行票据签章即可认定其具有负担债务的意思，视其依自己的意思而负担偿还义务无可厚非；即使委托付款及债权让与是第一目的，将债务负担作为第二目的也并非不合理。①

其次，考察当事人的意思内容，背书行为的被背书人和汇票的收款人是代替现金取得具有兑现可能性的金钱支付请求权或者表明金钱受领权限的票据。因此，即使票据无法获得支付的场合，也不能怀疑当事人受让的是具有金额受领可能性的票据，这也就说明当事人受让票据即具有依票据获得价金支付这一意思。另一方面，背书人及汇票的出票人向相对人交付票据而代替现金的支付，那么，即使该票据未能兑现，作为代替现金支付而交付票据的责任，当然应视为行为人具有期待票据得以兑现的意思，即意欲持票人依票据获得价款的支付。

最后，作为背书人和汇票出票人负担票据债务的要件，当然要求其必须满足票据行为的一般要件，即须依行为能力人无瑕疵的意思表示而成立。因此，作为票据债务的成立要件，在出票行为、承兑行为、背书行为和保证行为等票据行为上无任何差异。因此，同样以行为能力人无瑕疵的意思表示为要件而发生的负担票据债务的法律效果，没有必要将其一部分理解为是意思表示的效果，而将另一部分又

---

① 参见［日］庄子良男《手形抗弁论》，信山社1998年版，第277页。

理解为是法定的效果，可以且应该将所有类型票据行为效力统一理解为意思表示的效果，并明确能够产生票据债务的无瑕疵意思表示应符合的基本条件，才是最为建设性的见解。① 这种理解亦有利于说明票据行为独立原则，即该原则不论在票据保证，还是在票据背书上同样适用，各类票据行为均依其债务负担的意思而独立地进行并发生效力，因此，均适用票据行为独立原则。②

汇票出票人和背书人的偿还义务，并非是完全与当事人的意思无关的法律仅为保障流通所作政策上的抉择，而是以签章人通常存在债务负担的意思为前提，例外地在欠缺此意思的场合亦作同一处理，以确保票据的流通性。可见，将偿还义务的负担归根于汇票出票人和背书人的意思，并非是没有事实根据的拟制产物。诚然，票据上意思表示的内容由票据上的记载而定，但不能因此而认为票据背书人及汇票出票人的偿还义务亦必须从该原理中获得合理解答。如上分析，背书行为及汇票的出票行为本身具有何种旨趣亦可以从其产生渊源及票据行为人实施票据行为的通常意思中寻求到。当然，这并不否认汇票的出票行为及背书行为各自具有不同的目的，也正因为如此才会有票据行为类型区分，如汇票的出票行为以委托支付为目的，而背书行为以转让权利为目的。在承认汇票出票行为与票据背书行为不同效力的同时，承认债务负担之通常意思的存在，恰能体现各类型票据行为的同质性和差异性。在这个意义上，可以视偿还义务的负担为汇票出票行为和票据背书行为的第二性效果，而如果认为此种第二性效果是非依当事人意思的纯粹法技术的产物，未免过于武断。在德国学界至今仍然认为偿还义务是基于意思表示而产生，且对此几乎无异议，正是因为在他们看来此属当然之事。虽然有的国家立法上承认无担保背书等

---

① 参见［日］前田庸《手形法·小切手法》，有斐阁1999年版，第62页。
② 参见［日］前田庸《手形法·小切手法》，有斐阁1999年版，第62页。

仅发生票据法律关系的变动而不发生债务负担效力的行为，但是，其并不属于固有意义上的票据行为。正是因为票据行为是票据债务的发生原因，所以才是票据法上的基本问题，即使票据行为引起其他效果且此为该行为的本质，作为票据行为而言只要具备发生票据债务这一点即可足以。①

综上所述，不仅本票的出票行为、汇票的承兑行为及票据保证行为的场合，票据上的付款义务均依票据行为人债务负担意思表示而产生，汇票的出票行为及票据背书行为的场合，票据上的偿还义务亦为票据行为人意思表示的效果。因此，不论付款义务还是偿还义务，票据债务的发生均以债务负担意思表示为根据，是意思表示的效果，所有类型票据行为亦均以债务负担意思表示为其要素。

二　票据行为与权利移转意思表示

主张二阶段说论者，对于第一阶段的票据债务负担行为有着一致认识，即认为不论何种票据行为在其行为的第一阶段均依无相对人的单方意思表示——债务负担意思表示而成立票据债务，但对于第二阶段票据权利移转行为认识不一，各抒己见，有认为各类型票据行为有着相同性质的权利移转意思表示者，有认为出票及背书上权利移转意思表示与承兑及保证上权利移转意思表示性质不同者。

（一）出票及背书上的权利移转意思表示

铃木竹雄在其著作中指出："第二阶段的票据的交付，是移转依证券的作成而成立之权利的行为，这在出票及背书的场合是当事人之间的契约。"② 前田庸亦认为，票据权利移转行为发生在授受票据的直接当事人之间，因此，与一般法律行为性质相同，依票据授受当事

---

① 参见［日］铃木竹雄《手形法·小切手法》，前田庸补订，有斐阁1992年版，第114页。

② ［日］铃木竹雄：《手形法·小切手法》，有斐阁1957年版，第143页。

人之间意思表示一致而成立的契约。① 此外，持二阶段说的平出庆道和庄子良男亦认为票据权利移转行为具有契约性质。② 根据以上学者观点，第二阶段权利移转意思表示是对特定相对人的双方意思表示，其意思表示效力的发生有赖于交付相对人相对应之意思表示的回应。

而浜田道代主张："可以说，相对于铃木竹雄的交付契约说二阶段构成理论，可以以同一个根据推导出发行说的二阶段构成理论。"③即在第一阶段，依证券的记载、签章的单方行为而负担对自己的债务；在第二阶段，则依交付之有相对人的单方行为而将其权利转让于相对人。进而，浜田道代亦指出，交付契约说与发行说实际上差别并不是很大，二者之间最大的区别在于：交付契约说就票据行为的成立以相对人承诺意思表示的存在为必要，而发行说则否，但通常相对人受领票据时即认为存在承诺意思表示而承认契约的成立。如此一来，仅在相对人存在意思的欠缺、无行为能力等妨碍承诺意思表示有效成立的情况下二者的差异才会显现出来，但是，票据行为在何种程度上得以适用有关意思表示瑕疵的规定，本身就有很大争议，并且授受票据的交付属于纯获利益的行为，因此，未成年人等未经法定代理人的同意亦可实施有效的授受票据的行为。④ 综上，"相对于契约说，提倡发行说的实益全不足论，只是发行说相对于契约说更符合票据行为的特性"⑤。可见，根据浜田说，第一阶段的作成行为及第二阶段的交付行为均为单方行为，其中，作成行为是无相对人的单方行为，而

---

① 参见［日］前田庸《手形法·小切手法》，有斐阁1999年版，第86页。
② 参见［日］庄子良男《手形抗弁论》，信山社1998年版，第329页；［日］平出庆道《手形行为の特殊性と手形理论》(2)，《ロースクール》第39号，第56页。
③ ［日］浜田道代：《手形行为论に関する覚书（一）——手形权利移转行为有因论批判の立场から》，《法政论集》1981年第88号，第352页。
④ 参见［日］浜田道代《手形行为论に関する覚书（一）——手形权利移转行为有因论批判の立场から》，《法政论集》1981年第88号，第352页。
⑤ 参见［日］浜田道代《手形行为论に関する覚书（一）——手形权利移转行为有因论批判の立场から》，《法政论集》1981年第88号，第352页。

交付行为则是有相对人的单方行为。根据浜田说，债务负担意思表示与权利移转意思表示均为单方意思表示，仅依行为人一方的意思表示即成立并生效；因权利移转意思表示是有相对人的意思表示，所以该意思表示必须向特定的相对人作出，且须到达相对人始为生效。

然而，浜田说所主张的"发行说+二阶段说"的理论构造亦无法克服传统发行说的缺陷。虽然浜田说未明确该理论是否适用于所有类型票据行为上，但是，在发行说的立场上，并未将相对人特定的权利移转意思表示作为债务负担意思表示之外的独立存在，而将二者作为不可分的单方发行行为，因此亦存在票据行为相对人取得票据权利的根据及其法律关系不明确的缺点。[1] 较早提出二阶段行为说的松本烝治对票据债权行为采取了发行说，而对于票据物权行为则认为其由让与契约构成，正是因为以先前的单方行为说无法合理地说明票据权利人如何取得票据权利的问题，以至于其后的田中耕太郎亦将票据权利移转行为作为契约来把握。而浜田说与二阶段行为说的一般发展历程相异，对债务负担行为采用创造说的基本观点，而对权利移转行为则采用发行说的基本观点。这种理论构造，首先，与一直致力于明确票据权利取得之法律关系的票据行为理论，即单方行为说及二阶段行为说的学说史和发展趋势逆行而为；其次，与浜田说所主张的票据权利移转行为无因论的逻辑联系上，并非只能将其视为发行行为才能解释通其无因性，鉴于此，浜田说的主张难以赞同。[2]

综上所述，将出票及背书上权利移转意思表示界定为向特定相对人发出的、有赖于相对人相对应的意思表示而发生效力的意思表示，不仅符合以当事人之间债权债务关系的成立必有契约为大前提的民法一般理论，亦符合出票及背书的行为本质。

---

[1] 参见［日］庄子良男《手形抗弁论》，信山社1998年版，第348页。
[2] 参见［日］庄子良男《手形抗弁论》，信山社1998年版，第348页。

(二) 承兑及保证上的权利移转意思表示

主张二阶段说者对出票及背书上权利移转意思表示的理解虽然存在些许分歧，但大多数学者的观点还是基本一致，认为出票及背书上的权利移转意思表示是对特定相对人的、非独立的意思表示。相对于此，对承兑及保证上的权利移转意思表示的性质众说纷纭，直至今日仍未得出一致意见。

1. 铃木说及其评价

铃木竹雄指出："汇票的承兑等由于其权利必须回归到票据持票人，在返还票据的相对人并非票据持票人的场合亦须承认其效力的发生，因此，票据的交付并非是契约，只能理解为单方行为。但此时，对承兑人自身的权利仍然依签章而产生，在票据由承兑人单方面地返还之前，应理解为其权利由承兑人予以保留。"[1] 换言之，在债务负担方面，承兑与其他票据行为有着相同的理论构成，即承兑依签章而成立票据债务，并以承兑人自身为最初的权利人；但在权利移转方面，铃木说将票据权利移转行为分为两类，将出票及背书的权利移转行为理解为让与契约；而将承兑及保证的权利移转行为则理解为"非契约的单方行为"，即"单方面的返还""单方面的交还"，从而将承兑及保证作为与通常的权利移转行为性质不同的例外存在。为此，铃木竹雄作了如下说明："对于承兑的权利，在该权利的成立阶段，与其他票据行为一样，权利属于创设权利的承兑人本人，因此承兑人当然可以处分该权利。承兑人之所以有权涂销已进行承兑，其理由也在于此。但是，承兑人即使可以处分权利，亦无法自由选择处分的相对人，只能向票据的正当持票人为处分，否则表彰于同一票据上的权利归属于其他人，而这不符合票据的本质。因此，承兑人与持票人之间无须有让与契约，仅由承兑人单方面交还（返还）已完成承兑的票

---

[1] ［日］铃木竹雄：《手形法·小切手法》，有斐阁1957年版，第144页注（七）。

据,对承兑人的权利当然地归属于正当持票人。可以说,这是承兑不同于其他票据行为的特点。以上对承兑的论述,亦可以适用于票据保证的场合。"① 根据这一理论观点,票据于签章后违背签章人的意思而脱离签章人之手并由善意第三人取得时,可以依善意取得制度较容易得到救济。②

铃木说上述观点的主要原因在于,认为承兑人权利移转意思表示的相对人是特定的,只能是票据的正当持票人,而提示承兑人是不限定的,可以是正当持票人本人,也可以是单纯的提示人。但无论票据的提示人是正当持票人抑或单纯的提示人,承兑人所为权利移转意思表示的效力均直接归属于票据持票人(票据权利人)。因此,"票据的返还"无法视为是契约,承兑人单方面地将完成承兑签章的票据交还于提示人,该权利转移意思表示即发生效力,对承兑人的票据权利亦归属于票据的正当持票人。

然而,根据铃木说,虽然在票据于承兑签章后交付之前在承兑人处被盗、遗失等欠缺交付的场合,票据的第三受让人仍然得依善意取得制度而受到保护,但是,在票据持票人欺骗付款人致使其进行承兑签章等场合,即承兑上存在意思表示瑕疵时,此无法作为仅依一方交还票据而完成的承兑上权利移转意思表示的瑕疵,那么就只能理解为债务负担意思表示的瑕疵或者票据外原因关系上的瑕疵。对此,铃木说并未给出明确的答案,但无论作何理解都难以得出合理的结论。如果将前述由直接相对人导致的承兑上意思表示瑕疵理解为债务负担意思表示的瑕疵,一方面,这与以"知道或者应当知道是票据而进行签章为意思表示有效成立"的债务负担意思表示理论相抵触;另一方

---

① [日]铃木竹雄:《手形法の基础理论》,载铃木竹雄、大隅健一郎编《手形法小切手法讲座Ⅰ》,有斐阁1964年版,第1—15页。
② 参见[日]铃木竹雄《手形法·小切手法》,有斐阁1957年版,第338页注(十)。

面，这作为对物抗辩事由，有损害交易安全之虞。如果该意思表示瑕疵理解为票据外原因关系瑕疵而作为对人抗辩事由，那么，在出票及背书的场合，直接当事人之间存在的瑕疵产生无权利抗辩，而在承兑及保证的场合，却只能作为对人抗辩来理解，这显然缺乏抗辩理论的统一性。此外，根据铃木说，在承兑人将票据交付于票据正当持票人以外的他人时，其权利究竟归属于何人并不明确。铃木说认为，承兑人处分票据不能自由选择处分的相对人，只能向票据的持票人进行处分；如果将票据交付于持票人以外的他人，该交付行为即归于无效，权利移转意思表示不生效力，从而对承兑人的权利仍然保留在承兑人处。但是，另一方面，铃木说又主张，票据返还于单纯的提示人亦仍然以正当持票人为票据权利人，而这意味着即使提示人是无权利人（盗取人等），向该提示人交付票据的，对承兑人的权利亦归属于票据持票人。在承兑人将票据交付于提示人以外的第三人时，其效力如何亦不明确。

铃木说存在以上缺陷的内在根源主要在于，其对各类型票据行为上权利移转意思表示的理解不统一。根据铃木说，出票及背书行为上的权利移转意思表示是非独立的意思表示，必须存在交付相对人的承诺意思表示即由特定相对人受领票据才能有效成立；而承兑及保证行为上的权利移转意思表示是独立的意思表示，仅依承兑人一方交还票据，无须有相对人受领的意思表示即可有效成立。但是，不能因此而直接否认承兑行为上权利移转意思表示的存在，而应该彻底贯彻二阶段说，尽可能将其理论贯穿始终，形成统一的理论体系才能从根本上逻辑自洽地解决问题。①

2. 前田说及其评价

针对铃木说的缺陷，前田庸则直接否认承兑及保证上权利移转行

---

① 参见［日］庄子良男《手形抗弁论》，信山社1998年版，第301页。

为的存在，认为出票及背书是由票据债务负担行为和票据权利移转行为两个行为构成，而保证及承兑在其行为的性质上不同于出票及背书，仅由票据债务负担行为构成。① 根据前田说，票据的承兑及保证仅以债务负担意思表示构成，不存在权利移转意思表示。前田庸对其否定承兑及保证上权利移转意思表示存在的理由，围绕着承兑行为，举出三个事例加以说明。②

第一个事例是，出票人甲以乙为收款人签发了汇票，乙向 Y 提示承兑，Y 在票据上进行承兑签章后，未将票据返还给乙而保留在自己手中。在这种场合，即使乙将票据交付于 Y，也没有将对甲的票据权利移转给 Y 的意思，因此，即使 Y 持有票据，对甲的权利仍应由乙享有。如果肯定在承兑中存在权利移转意思表示，则在 Y 返还票据之前对承兑人的权利在现阶段保留在 Y 自身。如此一来，此时对于甲的权利存在于乙，而对于 Y 的权利则存在于 Y 自己，导致同一票据上的票据权利分属于两个以上不同的人，这难以得到合理解释。通常，权利人对于其所享有的权利，当然得自由处分，但在上述情形，Y 处于必须向乙返还票据的立场而无法自由处分，根本谈不上是"权利人"。因此，应该理解为：根据 Y 的承兑，对 Y 的权利与票据相结合，而该权利又当然地归属于乙。否定 Y 对 Y 自身的权利，也就否定了承兑行为中权利移转意思表示的存在。但是，"在仅有承兑人签章，而无其他签章人存在时，应该认为该承兑人即为权利人，此自不待言"③。

第二个事例是，甲向乙签发了汇票，而丙从乙处盗取了该汇票，并向付款人 Y 提示承兑，Y 进行承兑签章后将票据返还给丙。在这种

---

① 参见［日］前田庸《手形法·小切手法》，有斐阁1999年版，第63—66页。
② 以下举出的三个事例及其说明参见［日］前田庸《手形法·小切手法》，有斐阁1999年版，第64—66页。
③ ［日］前田庸：《手形法·小切手法》，有斐阁1999年版，第64页。

场合，盗取人丙当然不能保有票据，于是产生了"可以向丙请求返还票据的仅限于乙还是Y亦可"的问题。如果承认Y享有对其自己的权利，那么也就不得不承认Y亦可以向丙请求返还票据，这就发生乙对丙的返还请求与Y对丙的返还请求的竞合，亦即承认存在不能两立的权利并存的矛盾状态。为此，有学者主张在承认二者权利并存的前提下，可以考虑乙的权利优先于Y的权利，但是，如同在上述第一个事例中所论述的，此时Y也很难说是真正的权利人。而否定甲对于甲自身拥有权利，主张仅以乙为权利人，仅承认乙的返还请求，也就否定在承兑行为上存在权利移转意思表示。

第三个事例是，甲以乙为收款人签发汇票，乙遂向付款人Y提示承兑，Y承兑后将该票据返还给乙，而Y的承兑是受乙欺诈而为。此时，一方面，由于甲乙之间存在有效的票据授受，故应承认乙可以行使对甲的权利；但另一方面，由于乙（或者乙的恶意受让人）欺骗Y而取得Y的承兑签章，因此不能承认乙行使对Y的权利，Y当然可以拒绝乙的票据金额支付请求。在联合国国际汇票本票公约中明文规定，当事人（即如Y）对于受保护的持票人得主张"在自己于票据上签章时，因受保护的持票人为欺诈行为所生之抗辩"。此处所指受保护的持票人，即为前述事例中的乙。如果甲与乙之间的票据授受行为有效，乙应是前述规定之"受保护的持票人"，可以对甲行使票据金额支付请求权，但因其对Y实施了欺诈行为，故须受Y的抗辩对抗。如果主张存在Y对乙的权利移转意思表示，则由于该意思表示是受乙的欺诈而为，因此，Y应该可以请求乙返还票据，而这意味着其妨碍乙行使对甲的权利。然而，乙既然从甲处有效受让票据，那么不应该否定乙行使对甲的权利。鉴于此，否定Y对乙的权利移转意思表示的存在，依Y的承兑行为而表彰于票据上的对Y的权利，直接归属于乙；乙可以对甲行使权利，但当乙向Y请求支付票据金额时，Y可以以对人抗辩与之相对抗。

关于上述观点，有学者认为，对人抗辩应该是票据外法律关系所生的抗辩，而乙是对 Y 的承兑行为实施了欺诈，不属于票据外法律关系所生之抗辩，因此不构成对人抗辩。但是，由于 Y 是知道或者应当知道该书面为票据而为承兑签章，成立 Y 的票据债务，因此，不构成对物抗辩。而且，如上所述，Y 与乙之间不存在权利移转行为，因此，不能说在 Y 的票据行为上存在瑕疵。尽管如此，甲之所以仍然可以拒绝向乙支付票据金额应认为是基于 Y 与乙之间的票据外法律关系所生的对人抗辩。① 此外，前田说又指出："如果在没有其他有效签章的票据用纸上承兑人进行了承兑签章的场合，在承兑人为交付之前票据被盗，由盗取人持有该票据时，应该承认承兑人的票据返还请求，而为此就有必要承认承兑人为对其自身的权利人。"② 换言之，如果票据上存在其他权利人，对承兑人的权利直接归属于该权利人；如果不存在其他权利人，只有承兑人在票据上进行了签章，那么承兑人为权利人，待存在其他票据权利人时，对承兑人的权利一并归属于该权利人（票据保证的场合，对保证人的权利归属于被保证人的后手权利人）。

综上所述，前田说认为，在承兑及保证行为上如果承认权利于成立之初属于创设权利的票据行为人自身，那么，完成承兑签章的票据尚停留在承兑人手中的阶段，票据持票人对出票人及背书人享有的票据权利与承兑人享有的对其自身的票据权利并存于一个票据上，产生票据权利的"分属状态"。鉴于此，前田说强调一个票据上不能并存无法两立的权利，并以此为前提否认承兑及保证上权利移转意思表示的存在，认为完成债务负担意思表示的承兑人（保证人）无须再另为权利移转意思表示，承兑人（保证人）完成承兑（保证）签章即

---

① 参见［日］前田庸《手形法·小切手法》，有斐阁1999年版，第65—66页。
② ［日］前田庸：《手形法·小切手法入门》，有斐阁1983年版，第376—377页。

完成债务负担意思表示，并经承兑（保证）所产生的对承兑人（保证人）的权利自始归属于票据的正当持票人；作为例外，票据上不存在其他权利人时，已承兑人为对其自身的权利人。而前田说的理论主张存在如下缺陷。

第一，前田说认为，承兑及保证行为场合，因票据权利人始终为票据的正当持票人，只能认为经承兑及保证签章的完成而表彰于票据上的权利亦当然地归属于正当持票人，因此，票据签章人无须另为权利移转意思表示。然而，"票据持票人享有的并不是对票据书面本身的权利，而仅为表彰于票据上的既存权利，不及于依承兑产生的、对承兑人的新权利"①。因此，经承兑产生的权利在其成立阶段应该亦属于创设权利的承兑人自身，承兑人亦当然得处分该权利，法律规定承兑人于交付票据之前有权涂销承兑签章的根据亦在于此。

第二，根据前田说，在出票及背书行为场合，债务负担意思表示不适用民法意思表示的一般规定，因此，票据行为的瑕疵作为权利移转意思表示的瑕疵问题加以解决，所以票据行为存在意思表示瑕疵的抗辩，构成主张权利移转意思表示瑕疵的无权利抗辩。而在承兑及保证行为场合，如果认为其仅以债务负担意思表示构成，意思表示瑕疵抗辩不能是主张权利移转意思表示无效的无权利抗辩；而又认为债务负担意思表示以知道或者应当知道其为票据而进行签章为已足，因此，意思表示的瑕疵不影响票据债务的有效成立而不构成对物抗辩，只能考虑以对人抗辩相对抗。概言之，根据前田说，意思表示瑕疵抗辩在出票及背书行为场合是无权利抗辩，而在承兑及保证行为场合则是对人抗辩，实难形成统一的票据抗辩理论。另外，前田说又指出，在承兑行为上存在承认权利移转意思表示的例外情况（即票据上无其

---

① ［日］铃木竹雄：《手形法の基础理论》，载铃木竹雄、大隅健一郎编《手形法小切手法讲座Ⅰ》，有斐阁1964年版，第15页。

他权利人之时），那么在此时承兑行为存在意思表示瑕疵的抗辩是否应理解为是无权利抗辩？如此一来，承兑行为的意思表示存在瑕疵时，有时构成对人抗辩，有时又构成无权利抗辩，无法获得统一认识，更难形成逻辑连贯的票据抗辩理论体系。

综上，在前田说之下，同一抗辩事由，或者根据票据行为的类型、或者在不同场合甚至同一票据行为内部，作为具有不同性质和不同效果的抗辩加以对待，这是毫无道理的。对抗辩性质不得不作出变相解释，根源于前田说的理论逻辑以否定承兑及保证行为中存在权利移转意思表示为前提之故。如果认为承兑及保证行为亦存在权利移转意思表示，在存在意思表示瑕疵时自然构成主张权利移转意思表示无效的无权利抗辩，如此一来，在票据抗辩类型的选择上，实无采取缺乏统一性的解释理论的余地。[1] 因此，为谋求票据抗辩类型的规范化与统一，必须一贯坚持二阶段说的理论逻辑构造。

3. 庄子说及其评价

庄子良男主张，"票据行为是由票据债务负担行为和票据权利移转行为这两个阶段各自独立的法律行为构成的复合式行为"[2]，而"以上述的理论理解汇票的承兑及票据保证的场合亦是合理的"[3]。庄子说不像铃木说及前田说那样，将承兑及保证行为上权利移转意思表示视为例外，采取不同于出票及背书的理论构成或直接否认其存在，而是主张承兑及保证行为上亦存在权利移转意思表示，且其性质与出票及背书行为上的权利移转意思表示相同。

如前所述，铃木说及前田说均存在无法克服的理论缺陷，而其产生根源就是未在全类型票据行为上将二阶段说的观点贯彻始终，而对

---

[1] 参见［日］庄子良男《手形抗弁论》，信山社1998年版，第324页。
[2] ［日］庄子良男：《二段阶手形行为说の再构成》，《千叶大学法学论集》第6卷第1号，第51页。
[3] ［日］庄子良男：《手形抗弁论》，信山社1998年版，第330页。

承兑及保证行为采用不同于出票及背书行为的理论构造，其结果，无法形成统一的票据抗辩理论，二阶段说的合理性也遭到质疑。鉴于此，笔者赞同庄子说的主张，应将二阶段说适用于所有类型票据行为上，票据行为效力的发生无一例外有赖于债务负担意思表示和权利移转意思表示的有效成立。对于承认承兑及保证行为上存在权利移转意思表示的必要性和可能性，以承兑行为为例，进一步分析前述前田说所举出的三个事例来加以论证。

前田说举出的第一个、第二个事例中，票据尚停留在进行承兑签章的承兑人手中时，承兑人是对承兑人自身的票据权利人，而票据持票人是对出票人及其他前手签章人的票据权利人，因此，事例中对Y的权利归属于Y自身、对甲的权利归属于乙，确实产生票据权利的分属状态。但是，承兑人Y的权利移转意思表示的相对人特定为持票人乙，承兑人必须将对其自身的票据权利移转给持票人；而且持票人乙将票据交由承兑人Y占有，是为了使Y能够在该票据上进行承兑签章，并非是向Y实施转移票据权利的票据交付行为，因此，承兑人Y不得以享有对自己的票据权利为由拒绝向持票人乙返还票据。承兑人只能在返还票据前涂销承兑签章而免除自己的票据债务，而这并非是拒绝返还已完成承兑签章之票据。如此一来，此时确实产生票据权利分属于不同人的情况，但并不存在无法两立之权利的并存状态。① 而前田说恰是以不应该承认"无法两立之权利的并存状态"为由否定"票据上权利的对人分属"，因此，其观点无法成立。况且，此种票据权利对人分属状态亦可依承兑人向持票人返还票据而自然消除。

前田说提出的第三个问题，即票据的正当持票人欺骗承兑人而获得承兑签章的场合，对于该持票人的票据金额支付请求，承兑人可以撤销其权利移转意思表示而向持票人提出无权利抗辩。另外，从该持

---

① 参见［日］庄子良男《手形抗弁论》，信山社1998年版，第331页。

票人处受让票据的善意第三人可以依善意取得规则享有对承兑人的权利。因此，前田说指出的问题在庄子说之下都能获得逻辑自洽的结论。

此外，在已完成承兑签章的票据其返还发生异常的场合，上述庄子说的主要观点亦得合理适用。通常，已承兑票据的交付可能存在的异常情况有：承兑人签章后交付前票据被盗或遗失的场合；提示人为无权利人的场合；承兑人未将票据返还给正当持票人而让与第三人的场合。①

（1）承兑人签章后交付前票据被盗或遗失的场合

承兑人签章后向持票人返还票据之前被盗或遗失而丧失票据的场合，不成立有效的承兑上权利移转意思表示，从而不发生票据权利转移的效果。但是，承兑人已完成承兑签章，所以债务负担意思表示已发出，票据债务既已成立且与之相对应的票据权利也已表彰于票据上，而善意持票人可以根据善意取得制度取得包括对承兑人及其他票据签章人的票据债权在内的票据权利。如果成立第三人的善意取得，那么先前的票据权利人即丧失对出票人及其他前手的票据权利，承兑人则丧失对自己的票据权利。但是，如果不成立善意取得，承兑人仍然是对其自身权利的权利人，当然得向盗取人、拾得人或其他恶意取得人请求返还"承兑票据"。承兑人在取回票据之后，向正当持票人即票据权利人交付（返还）票据而将对承兑人的权利移转给票据权利人。另一方面，提示承兑的正当持票人作为该票据（对承兑人以外票据签章人）的票据权利人，亦可以向盗取人及其他无权利人请求返还票据。这在持票人为汇票出票人的场合亦同。此时，持票人的票据返还请求权与承兑人的票据返还请求权发生竞合，但是，"票据持票

---

① 参见［日］庄子良男《二段阶手形行为说の再构成》，《千叶大学法学论集》第6卷第1号，第53页。

人的权利应该始终优越于承兑人的权利"①，因为在承兑人和票据持票人之间的关系上，承兑人处于将票据必须返还给持票人的立场，承兑人向盗取人等请求返还票据是为了取回票据之后将票据返还给正当持票人，而作为无权利人的票据占有人对于正当持票人的票据返还请求和承兑人的票据返还请求二者均不得拒绝，当二者发生竞合时，优先向票据持票人返还。② 可见，不存在前田说指出的"不得两立之权利的并存状态"，两项权利的竞合状态亦能得到合理解决。

需指出的是，作为权利人的票据持票人从盗取人等无权利人处取回已完成承兑签章的票据时，对承兑人的票据权利并不因此而当然地移转于该持票人，因为，承兑人与持票人之间尚欠缺有效的权利移转意思表示，从而对承兑人的票据权利仍然由承兑人自己保留。持票人欲取得对承兑人的票据权利，承兑人亦须以其意思进行权利移转意思表示，否则当持票人向承兑人提示票据请求支付票据金额，承兑人可以以无权利抗辩进行对抗。不过，此时票据已由持票人占有，因此，只需在承兑人与持票人之间存在权利移转意思表示的一致为已足，无须再进行票据占有的转移。当然，承兑人亦可以涂销自己的承兑签章，而签章的涂销必须在票据书面上进行，因此，有必要暂时"占有"票据，但这种"占有"不具有任何法律意义，只不过是为在票据书面进行记载之便。总之，在承兑人未依自己的意思为票据交付的情况下，尚未完成承兑行为的全部阶段，承兑人完全可以涂销自己的签章以撤回承兑；但如果持票人未向承兑人让渡票据的占有（便于承兑人涂销签章以撤回承兑）而转让给第三人时，第三人不仅可以取得正当持票人已享有的对其他票据签章人的票据权利，亦可以根据善意取得制度取得对承兑人的票据权利。

---

① ［日］庄子良男：《手形抗弁论》，信山社1998年版，第332页。
② ［日］庄子良男：《手形抗弁论》，信山社1998年版，第332页。

（2）提示人为无权利人的场合

提示人为无权利人（如提示人是盗取或拾得票据之人）的场合，相当于上述第三个事例。此时不论承兑人是否知道上述事由，将已完成承兑的票据返还给提示人的行为当然地归于无效。因此，即使票据已交付于无权利人，亦不能转移对承兑人的票据权利，该权利仍然保留在承兑人处，从而承兑人可以向该无权利人即票据的现实占有人请求返还票据；另一方面，被盗或遗失之票据的正当持票人（票据权利人）亦可向该无权利人即票据无权占有人请求返还票据，而票据无权占有人应顺应承兑人和正当持票人返还票据的请求，但是在正当持票人的返还请求和承兑人的返还请求发生竞合时，应向正当持票人返还票据。即在正当票据权利人与承兑人之间，票据权利人的票据返还请求权优先于承兑人的票据返还请求权而实现。实际上，承兑人本应向票据权利人交付票据却交付给无权利人，因此，相对于票据权利人的票据返还请求应处于滞后地位。可见，承兑人与作为票据权利人的正当持票人之间并不存在权利的并存状态。

然而，即使正当持票人作为票据权利人从无权利人手中取回有承兑人签章的票据，也无法当然地取得对承兑人的权利，此与上述的情况相同。即因承兑人未依自己的意思实施有效的权利移转意思表示，因此，票据权利人完整取得对承兑人的票据权利；持票人如欲取得对承兑人的票据权利，亦须由承兑人进行权利移转意思表示，而在作出该意思表示之前，持票人对承兑人的票据权利而言是无权利人，承兑人可以向该持票人提出要求而涂销自己的承兑签章。在持票人不顾承兑人的撤回承兑请求而将票据背书转让给第三人的场合，仅限于关系到对该承兑人票据权利的部分转让无效，但是符合善意取得适用条件的第三人可以取得对承兑人的票据权利，因为，依承兑人签章行为票据债务负担意思表示成立并生效，对承兑人的票据权利既已表彰于票据证券上。

（3）承兑人未将票据返还给票据持票人而让与第三人的场合

已承兑票据的返还非以正常渠道到达第三人的场合，即承兑人虽然在票据上进行了承兑签章，但未向提示承兑的合法持票人交付票据，而将票据转让给第三人时，因权利移转意思表示是对特定相对人的意思表示，必须向特定相对人作出，而且承兑人不享有对承兑人自身的票据权利以外（对其他签章人）的票据权利，所以若向合法持票人之外的人交付票据均归于无效，票据权利人可以请求该第三人返还票据，而且进行无效交付的承兑人亦得向第三人请求返还票据。当然，此时即使承载承兑人签章的票据回归到票据权利人处，由票据权利人占有票据，其也不能立即取得对承兑人的票据权利，须在承兑人与票据权利人之间有票据权利转移意思的一致，即承兑上权利转移意思表示的有效成立。

综上所述，即使承认承兑行为上存在票据权利移转行为（权利移转意思表示），亦可以合理解释围绕着承兑行为所发生的各种法律关系，也就没有必要将承兑作为例外情况处理。承兑行为的权利移转意思表示具有与出票及背书行为相同的性质，均为对特定相对人的、非独立的意思表示。只不过，出票及背书行为的场合，票据行为人可以自由选择权利移转意思表示的相对人，而承兑行为上权利移转意思表示的相对人只能是票据的合法持票人（票据权利人）。以上对承兑行为的分析亦适用于保证行为的场合。

第二章 票据上意思表示构成论

意思表示的构成要素又称意思表示的成立要件,是指构成(或成立)某项意思表示所必须具备的要素。[1] 这意味着欠缺这些要素,意思表示将不成立,反之只要具备这些要素,意思表示即可成立,"表意人就失去了变更其意思的可能性,受到表示的约束"[2]。在票据行为一元论之下,票据行为仅以一个意思表示构成,在票据上意思表示的构造上,将票据的作成行为(记载和签章)与票据的交付行为作为一个意思表示的两个要素,而将交付行为仅理解为意思表示的送达方式;而二阶段说之下,票据行为由独立的两个行为即票据债务负担行为(票据作成行为)和票据权利移转行为(票据交付行为)构成,因此,完整的票据行为须作出两项意思表示,即债务负担意思表示与权利移转意思表示,且二者其性质各有不同。鉴于此,以二阶段说为理论基础的票据上意思表示二阶段构成论,必然不同于传统票据行为一元论对票据上意思表示构造的理解,应区分"债务负担"和"权利移转"两项意思表示分别加以探讨。

---

[1] 参见董安生《民事法律行为》,中国人民大学出版社2002年版,第162页。
[2] [德]卡尔·拉伦茨:《德国民法通论》(下册),王晓晔等译,法律出版社2003年版,第453页。

第一节　票据上意思表示的性质

一　票据行为理论与票据上意思表示

根据所采用的票据行为理论的不同,对票据上意思表示构造的理解就会不同。以二阶段说为基础的票据上意思表示理论,即"票据上意思表示二阶段构成论"与契约说、发行说及创造说等传统票据行为一元论相比较具有完全不同的理论构成,概括分析如下:第一,根据契约说及发行说的观点,票据上债务负担意思表示的成立以票据交付为必要,即交付行为是票据上意思表示的成立要件之一,而二阶段说之下债务负担意思表示则不以票据交付为成立要件,仅依票据的作成即成立并生效,产生票据签章人的票据债务;第二,根据创造说的观点,票据上意思表示的成立无关票据交付与否,因此,通常不加以探讨票据交付行为,而在二阶段说之下,票据的交付行为是票据行为人的权利移转意思表示,经有效的交付行为(票据权利移转行为)实现票据权利的转移。可见,采取契约说或者发行说,在欠缺交付时,债务负担意思表示不成立,从而不产生票据债务,票据签章人亦不承担票据责任。这一事由成立对物抗辩,可以拒绝向任意持票人主张。

基于票据的流通性、安全性和可靠性要求,"票据行为就必须区别于一般民事法律行为,其意思表示的方式、意思表示的内容、意思表示之间的关系等都有自己的特点"[①]。根据二阶段说的理论观点,对票据上意思表示亦进行阶段性划分,分为债务负担意思表示与权利转移意思表示,因此,对两项意思表示分别探讨其性质及构成要素。采取一元构成理论的传统票据行为理论对票据上意思表示性质的讨论,仅适合于票据行为的债务负担方面,而对于票据权利转移方面则

[①] 杨忠孝:《票据法论》,立信会计出版社2001年版,第61页。

无法妥当适用，应另行探讨。

二 票据上债务负担意思表示的性质

（一）不特定性

意思表示存在有相对人的意思表示和无相对人的意思表示之分。① 有相对人的意思表示，是对特定人有表示力的意思表示；而无相对人的意思表示，是只需有一般表示力的意思表示。② 针对特定相对人及其效力的意思表示，原则上为有相对人的意思表示；反之，针对不特定人及其效力的意思表示，无须对特定人为之，故为无相对人的意思表示。③

票据是流通证券，辗转流通于不特定的多数人之间，因此，票据行为人在票据书面上所为的债务负担意思表示不可能是对某一特定人的意思表示，在流通过程中受让票据的任何持票人通过票据记载和签章受领到签章人的债务负担意思表示，并非依直接当事人之间的个别合意而完成，是"对世的"意思表示。④ 综上，票据债务负担意思表示是对不特定多数人的意思表示，即无相对人的意思表示，无须向特定的相对人作出，亦无须有相对人受领的意思表示而独立地发生效力。因此，票据上债务负担意思表示的效力发生，不受票据行为相对人受领情况（如是否具有意思能力、意思表示有无瑕疵等）的左右，亦不受是否已完成有效票据交付的影响。

（二）单方性⑤

意思表示有独立的意思表示和非独立的意思表示之分，而独立的

---

① 有学者认为，有相对人的意思表示根据相对人是否特定，又分为对特定人的意思表示和对不特定人的意思表示，参见林诚二《民法总则》（下册），法律出版社2008年版，第354页。虽然两种分类有所不同，但无碍于对具体问题的探讨。
② 参见史尚宽《民法总论》，中国政法大学出版社2000年第1版，第351页。
③ 参见史尚宽《民法总论》，中国政法大学出版社2000年第1版，第352页。
④ 参见［日］木村暎《手形法·小切手法要论》，青林书院1992年版，第95页。
⑤ 为了与下述票据上意思表示独立原则相区分，这里使用"单方性"这一用语。

意思表示构成单方行为，非独立的意思表示则构成双方行为或多方行为。① 独立的意思表示，是指表意人独立完成且发生效力的意思表示；而非独立的意思表示，是指必须借他意思表示才能发生其作用的意思表示。② 在二阶段说之下，债务负担意思表示是独立的意思表示，具有单方性，无须借助相对人相对应的意思表示，仅依表意人一方的意思表示即票据签章人通过制作票据而完成的意思表示——票据的作成——而成立并发生效力。③ 因此，由债务负担意思表示构成的票据作成行为（票据债务负担行为）属单方行为。

（三）要式性

构成法律行为的意思表示，法律上以特定方式为必要者，为要式的意思表示；法律上不以特定方式为必要者，为非要式的意思表示。④ 法律上明确规定意思表示必须以一定的方式进行的，未依此方式的意思表示不具有法律上谓之意思表示的价值，从而应认定为该意思表示不成立或无效。⑤ 票据债务负担意思表示作为流通证券上的表示，是向不特定的多数人发出的，对所有流通中受让到票据的票据受让人具有重要意义。鉴于此，为了使票据行为人的意思明确无误地传达到票据受让人，就要求表示行为方式的表面化、简单化、统一化及格式化。因此，票据上债务负担意思表示也就具有要式性的特征，票据行为人必须依法定的方式作出负担票据债务的意思表示，否则导致债务负担意思表示的不成立或无效。

票据上债务负担意思表示严格的要式性特点，表现在以下三个方面。第一，债务负担意思表示的表达方式必须采用书面形式，即必须

---

① 参见魏振瀛主编《民法》，北京大学出版社、高等教育出版社2000年版，第144页。
② 参见林诚二《民法总则》（下册），法律出版社2008年版，第353—354页。
③ 参见［日］前田庸《手形法·小切手法》，有斐阁1999年版，第71页。
④ 参见马俊驹、余延满《民法原论》（上），法律出版社1998年版，第254—255页。
⑤ 参见史尚宽《民法总论》，中国政法大学出版社2000年版，第353页。

在统一的票据用纸上进行债务负担意思的表示，而且此表达方式为唯一形式。票据是完全有价证券，具有权利与证券紧密相结合的特性，从而不仅权利的移转及行使以票据书面为必要，权利的发生也依赖于与作为票据存在形式的书面载体。因此，欲产生票据债权，必须作成完整票据，必须在票面上进行票据债务负担的意思表示。票据上债务负担意思表示的完全书面方式，还同时表现为唯一书面方式，所有类型票据行为都必须通过票据这一证券书面来进行其意思表示。[①] 第二，债务负担意思表示的表示方式必须以法律规定的固定方式而为，即票据的记载事项法定、记载方式法定。票据是流通证券，为了确保其流通性与安全性，还要求票据上债务负担的意思表示必须以事先由法律确定的固定方式进行，不符合法定方式的表示，不发生票据上意思表示的效力，即认定该意思表示自始不存在。第三，票据上债务负担意思表示的内容只能依票据记载文义确定。如前所述，债务负担意思表示并非是对某一特定人的意思表示，而是"对世的"意思表示，只能以书面方式进行，因此，其意思表示的内容也只能在票据书面所载范围内加以确定和理解，亦不得不认为票据债务的内容由票据记载文义所决定。基于债务负担意思表示的书面性特征，使得票据上所显示的记载文义被视为行为人内在真实意思的反映，票面上的记载亦成为票据行为人意思表示的内容，进而确定意思表示的具体内容须以证券上的记载内容为基准客观地进行判断。可见，债务负担意思表示的文义性是其书面性的当然归结。[②] 票据上债务负担意思表示的内容以票据书面上显示的记载文义确定，不允许根据票据上未记载的事实对行为人的意思作出与票据所载文义相反的解释而对票据所载文义进行变更或补充；即使票据所载内容与当事人的真实意思有所不同甚至相

[①] 参见赵新华《票据法论》，吉林大学出版社2007年版，第45页。
[②] 参见［日］前田庸《手形法·小切手法》，有斐阁1999年版，第79页。

违，或者与票据外的实质关系相悖，债务负担意思表示亦依票据上的记载内容发生效力。从这个意义上，可以说，票据上的记载具有"创造"法律关系内容的作用。①

需注意的是，上述文义性并非是判断债务负担意思表示是否成立的认定标准，而是以其意思表示的成立为前提，在此基础上确定具体意思表示内容的适用法理。另外，还必须避免过分强调票据债务负担行为的要式性，以防止票据签章人将此作为不当逃避其票据责任的托词。

（四）无因性

票据是无因证券，表彰于票据上的票据权利是其效力发生不受票据外实质关系影响的抽象性权利。诚然，票据当事人之间签发、转让票据必有一定的原因，而作为其产生基础的票据外法律关系大多是民法上的一般债权债务关系，它在授受票据之前就已经存在，因当事人选择了票据这一债务履行方式，使得债的发生与其履行相互分离，而此原因债权能否直接表彰于票据上不无疑问。例如，基于当事人甲与乙之间的契约而成立乙对甲的债权，此时能否将该债权直接表彰于票据上的权限赋予作为当事人一方的债务人（出票人）？如果出票人所签发的票据记载内容与当事人之间的契约内容相异又该如何？可见，作为当事人一方的债务人甲无法将原因关系上乙对甲的债权仅以单方面的意思表彰于票据上。②而且如果理解为将既已成立的债权直接表彰于票据上，那么，无法对票据行为作统一理解，因为作为票据行为产生前提的原因关系是复杂多样的，以此难以说明票据授受当事人之间究竟成立何种债权债务，即"债权脱离其成立时的当事人而自由流

---

① 参见［日］铃木竹雄、前田庸补订《手形法・小切手法》，有斐阁1992年新版，第119页。
② 参见［日］永井和之《手形行为の无因性と文言性》，载河本一郎、小桥一郎、高洼利一、仓泽康一郎编《现代手形小切手法讲座》（第2卷），成文堂2000年版，第28页。

转,故已失去当事人的色彩,取得的是作为纯粹独立的一份财产,故理所当然地也须同样失去其成立的契约色彩"①,所以,"当债权自当事人色彩中解放出来时,同时也须从其当事人间的契约色彩中解放出来"②。因此,基于当事人一方的债务负担意思表示在票据上成立新的债权——票据债权,从而即使甲是为了负担对乙的原因关系上债务而签发了票据,该票据上所表彰的债权也是所有该票据的正当持票人对甲的债权,并非特定为乙对甲的债权,从而表彰于票据上的票据债权分离于原因关系上的原因债权而独立存在也是其当然归结。

另外,从意思表示的效果意思内容上看,也能得出相同的结论。票据上的债务负担意思表示与原因关系上的意思表示具有不同的效果意思内容,而特定的效果意思是意思表示独立存在的基础。票据上的债务负担意思表示以发生票据法律关系(票据债权与票据债务)为其内容,而原因关系上的意思表示则以发生民法上一般债权债务关系为目的。这是由意思表示之效果意思作用范围的特定性所决定的:特定的意思表示仅能发生特定的法律效果,如票据行为的意思表示仅发生票据法效果;债权行为的意思表示仅能发生债权法效果,而这也正是"依当事人的意思而发生法律效果"这一私法自治原则的必然结果。因此可以说,票据上的债务负担意思表示并非是原先原因关系上意思表示的贯彻或延伸,它是一个崭新的意思表示,独立于原因关系而存在。据此,负担票据债务的意思表示与原因关系上的意思表示,其成立及生效所依据的法律规则必然不同;票据上的债务负担意思表示是否成立,亦以其自身条件加以判断认定,而不能以原因关系是否成就为标准。如此一来,票据受让人可以无须顾虑直接前手以外签章

---

① [日]我妻荣:《债权在近代法中的优越地位》,王书江、张雷译,中国大百科全书出版社1999年版,第30页。
② [日]我妻荣:《债权在近代法中的优越地位》,王书江、张雷译,中国大百科全书出版社1999年版,第30页。

人之间实质关系的效力状态，仅依票据记载内容接受和使用票据，从而促进票据的流通性。

（五）独立性

票据法理论上，通常所称的票据行为的独立性亦称为票据上意思表示独立原则或者票据债务独立原则，① 在二阶段说之下仅指票据债务负担意思表示的独立性。票据上的债务负担意思表示可以由不同的票据签章人在同一张票据上多次连续进行，即在同一票据上可能存在若干个债务负担意思表示，而这些意思表示互不牵连，分别依各个签章人在票据上所作的意思表示内容独立地发生效力；即使某一债务负担意思表示构成其他意思表示的逻辑性前提（如出票行为是其他类型票据行为的基础），在作为其前提的意思表示行为（如出票行为）因存在意思能力欠缺或者存在瑕疵而不生效力时，其他意思表示（如背书、承兑或者保证等）亦不受其影响；只要该意思表示自身无意思能力欠缺或瑕疵等情形，即可发生完整的法律效力。如我国《票据法》第6条规定："无民事行为能力人或者限制行为能力人在票据上签章的，其签章无效，但是不影响其他签章的效力。"票据上债务负担意思表示的独立性不同于其单方性：单方性是以孤立的角度看一个债务负担意思表示的效力发生；而独立性是以联系的角度看存在于同一票据上各个债务负担意思表示的相互关系及其效力发生。

综上所述，票据债务负担意思表示具有不同于民法上一般意思表示的本质特征，因此，对于该意思表示应排除适用民法关于意思表示瑕疵、欠缺的一般规定，而应建立符合票据债务负担意思表示构造的理论体系。

三 票据上权利移转意思表示的性质

在二阶段说之下，票据上意思表示由债务负担意思表示与权利移

---

① 参见赵新华《票据法论》，吉林大学出版社2007年版，第46—47页。

转意思表示构成，其中，债务负担意思表示由于其一经发出即刻对不特定的多数人产生效力，因此具有不同于民法上一般意思表示的特征，而权利移转意思表示是向特定相对人发出的转让票据权利为目的的行为，因此，具有与民法上一般意思表示相同的性质。

（一）特定性

根据二阶段说的观点，与向不特定多数人发出的债务负担意思表示不同，票据上的权利移转意思表示是对特定相对人的意思表示，须向某一特定的相对人作出。因此，要求其意思表示必须到达于特定相对人表示行为才告完成，意思表示也在这一时点上成立。在欠缺交付的场合，由于表示行为环节尚未完成，票据上的权利移转意思表示亦不成立。

（二）非单方性

票据上的权利移转意思表示是以转让票据债权为内容的债权让与行为，因此，必须有相对人积极的受领行为，否则可视为"对权利的抛弃"。从而，票据上的权利移转意思表示是非独立的意思表示，不能单方面独立地发生效力，必待他人相对应的意思表示与之呼应始能成立法律行为，发生权利转移的效果。另外，将票据交付行为认定为契约抑或单方行为，相差并不是很多，最大的差别在其成立是否需要相对人承诺的意思表示这一点上，而相对人受领票据即可认定存在承诺的意思表示，那么，二者的差别仅在于相对人存在意思的欠缺、无意思能力等影响承诺意思表示有效的情形。然而，票据权利移转意思表示是将票据权利转让于相对人的行为，对于相对人而言，在票据关系上是仅单纯赋予其法律上利益，因此，通常无须考虑相对人的意思表示状态。只不过，认定票据权利移转意思表示的有效成立必须有特定相对人的受领行为，符合债权让与意思表示的本质，这有助于明确票据权利的归属主体。

（三）有因性

票据行为是为履行票据外法律关系所生原因债务而要求实施。虽然债务的履行方式很多，但当事人基于某种原因选择了票据这一支付方式，从而使债的发生与其履行相互分离。换言之，票据行为是原因关系上债务的履行行为，没有此义务，就不会有彼履行行为，原因关系上的原因债权是票据债权产生的基础。因此，票据上意思表示亦与原因关系上的意思表示在生活事实层面有所牵连。可以说，原因关系上的债权债务是票据上意思表示产生的直接动因。

如前所述，不仅没有必要将票据上的权利移转意思表示亦视作无因行为，而且承认其有因属性在整个票据关系的处理上更为妥当。首先，即使将权利移转意思表示依民法一般规则理解为有因行为，也不会损害到善意的第三受让人。因为票据受让人的票据授受行为如因欠缺原因关系而归于无效，从该人处受让票据的善意受让人可以依善意取得制度得到保护。可见，票据法上的特殊规则在票据债权的转移行为之权利移转意思表示上无适用之必要，而无须适用特别法规定的场合，应依民法的一般规定理解为有因行为。①

第二节　票据上债务负担意思表示的成立及生效

意思表示的成立与生效并不是同一概念，是意思表示效力认定的两个阶段，只有在肯定意思表示的存在/成立后，才能进入到效力评价阶段，进一步认定该意思表示对当事人发生什么样的法律效果；如果意思表示不成立，即无所谓意思表示生效与不生效、有效与无效的问题。就其功能来说，意思表示的成立要件只能解决意思表示行为要素是否具备的问题，它仅着眼于意思表示行为的外部特征，但是具备外部事实要素的表示行为，并不一定符合法律所预想的有效意思表示

---

① 参见［日］永井和之《手形行为の无因性と文言性》，载河本一郎、小桥一郎、高洼利一、仓泽康一郎编《现代手形小切手法讲座》（第2卷），成文堂2000年版，第31页。

的典型模式，为此有必要另行设置生效要件，对具体表意行为的品质附以条件和要求，"意思表示自愿真实"即为其中一项。① 前已述及，票据上债务负担意思表示具有不同于民法上一般意思表示的特征，民法所规范的是直接当事人之间的意思表示关系，而票据上的债务负担意思表示是对不特定多数人的单方意思表示，从而签章人不仅与其直接相对人发生法律关系，亦与直接相对人以外的第三人发生票据法律关系，而这是民法所无法预料到的。因此不能直接适用民法的意思表示一般理论，代之以建立符合票据上债务负担意思表示的理论体系，实现理论逻辑上的一贯性和统一性。②

一 票据上债务负担意思表示的成立要件

票据上债务负担意思表示具有不同于民法上一般意思表示的性质，但是，不能因此而盲目排除意思表示一般理论的适用。债务负担意思表示既然本质上是属于意思表示行为，那么应坚持意思表示由行为意思、表示意思、效果意思及表示行为四要素③构成的基本立场，只是对其各要素的认定标准有其特殊性。

（一）债务负担意思表示的客观要件

一个人的内心意思如何，原非外部所能得知，因此若要让内心所欲发生一定的法律效果，首先必须将其内心意思表示于外部，此种表示即为表示行为。只有内心意思而无外部表示，则该内心意思无法为外人所知，意思表示也就无从产生。"这也是法律不能规范人们的思想，而只能规范人们的行为的原因所在。"④ 因此，学界一致认为，表示行为是意思表示成立的客观要素。可见，构成意思表示的前提条

---

① 参见董安生《民事法律行为》，中国人民大学出版社 2002 年版，第 149 页。
② 参见前田庸《手形法・小切手法》，有斐阁 1999 年版，第 72 页。
③ 关于意思表示的构成要素，学说有二要件说、三要件说、四要件说及五要件说，但本书采取四要件说，其理由于下文探讨债务负担意思表示成立要件时一并探讨。
④ 柳经纬：《感悟民法》，人民法院出版社 2006 年版，第 152 页。

件是外在表示行为的存在。

票据上的债务负担意思表示具有要式性,票据行为人需要将其负担票据债务的意思以法律规定的特定形式表现出来,不仅需要在票据用纸上进行表达,且意思表示的内容亦须遵循严格格式化的要求。"在需要具备形式的意思表示,表意人仅将自己欲求的东西表示出来还不够,还必须以一定的形式将其意思表达出来。"[①] 如果债务负担意思表示未采取法定的形式,或者未完成该法定形式所需的全部要求,只能认为该意思表示尚未发出,法律行为亦不成立。票据行为人将负担债务的意思表示记载于书面并完成签章,即所谓的"票据的作成"。

通常认为,债务负担意思表示的表示行为由记载和签章两个要素构成:票据记载所表明的是意思表示内容即票据债务内容,而票据签章所表明的是意思表示主体即票据债务人。

1. 客观要件之一:票据记载

作为流通证券上的意思表示,票据上意思表示不同于民法上一般意思表示最大的特点就是其意思表示发生于票据证券上,需要在票面上完成法律规定的记载事项。票据上债务负担意思表示具有要式性,其意思表示内容即记载事项、记载方式均由法律明确规定(如我国《票据法》第8条、第9条等),如果欠缺绝对必要记载事项(如我国《票据法》第22条、第75条、第84条等)的记载或者所为记载不符合法定的要求,将导致票据上意思表示不成立,票据债务亦无从产生。

按照我国《票据法》的规定,票据行为包括出票、背书、保证以及汇票的承兑等行为类型,而各类型票据行为均有法定的记载形式要

---

① [德]迪特尔·梅迪库斯:《德国民法总论》,邵建东译,法律出版社2000年版,第244页。

求，而出票行为的记载内容决定着票据上票据权利（票据债务）的具体内容。须注意的是，出票行为的形式要求相对于其他类型票据行为具有不同的法律意义和效果。出票行为以外的其他类型票据行为，其意思表示行为若不符合形式要求，只能否定该意思表示的效力，而不影响其他意思表示的效力（票据上意思表示独立原则），但是，如果出票行为的债务负担意思表示欠缺法定的形式要件时，不仅否定出票行为的效力，在该票据上所为的其他一切意思表示的效力均受其影响。之所以如此，是因为如果出票行为欠缺绝对必要记载事项，出票的意思表示不成立的同时，也将导致票据本身的无效，而且背书、承兑、保证等票据行为产生的票据债务内容均以出票记载事项如票据金额、到期日等加以确定，如果这些记载事项欠缺，其履行内容则无从确定。"出票以外的票据行为的形式要件，不过是各自行为固有的形式要件，而出票的形式要件不只是出票固有的形式要件，也是在该张票据上形成的其他全部票据债务负担行为的形式要件。"[①] 因此，可以认为，依出票行为形成的票据上的记载文义，不仅体现的是出票人债务负担意思表示的内容，同时也是其他签章人（承兑人、背书人、保证人等）在该票据上所为债务负担意思表示的内容。

如前所述，出票的记载事项决定着票据债务及与之相对的票据权利的具体内容，而基于出票作成的票据为该票据上全部票据关系的基础，因此，"由出票而作成的票据，通常称为基本票据，也称为原始票据或原形票据。"[②] 这样，基本票据构成一票据上所为的一切债务负担意思表示的内容。

2. 客观要件之二：票据签章

票据行为人在票据上完成相应的记载事项之后，还必须在票据上

---

① ［日］大桥光雄：《手形法》，严松堂书店1942年版，第48页。
② 赵新华：《票据法论》，吉林大学出版社2007年版，第137页。

进行签章，票据签章是"行为人承担票据上责任的必要表示方法"[①]，而且还是"确认票据行为人意思表示存在的根本依据"[②]。各国票据法均有法律明文规定，在票据上签章之人均依所记载的内容承担票据责任。如我国《票据法》第 4 条第 1 款规定："票据出票人制作票据，应当按照法定条件在票据上签章，并按照所记载的事项承担票据责任"；第 4 条第 3 款规定："其他票据债务人在票据上签章的，按照票据所记载的事项承担票据责任。"另外，关于签章的方式，我国《票据法》第 7 条第 1 款规定："票据上的签章，为签章、盖章或者签章加盖章。"票据签章是债务负担意思表示的构成要素之一，如果票据上没有行为人签章，即使其他记载事项全部具备，债务负担的意思表示尚未完成，行为人亦不负担票据债务。

在我国票据立法上，对票据签章的形式要求非常严格，与其他国家和地区只关注票据上有无行为人签章的做法相异，不仅要求必须有行为人本人签章，同时还要求所为签章必须满足票据法及其他法律法规的多方面要求。《票据管理实施办法》第 17 条规定："出票人在票据上的签章不符合票据法和本办法规定的，票据无效；背书人、承兑人、保证人在票据上的签章不符合票据法和本办法规定的，其签章无效，但是不影响其他签章的效力。"根据这些规定，票据行为人所为签章若不符合相关法律法规的要求即归于无效；特别是出票人的签章，如果不合乎法律规定，直接导致票据的绝对无效。显然，这些规定过于严格，而认定票据无效对于票据关系当事人哪一方都无益处，反而有可能会被票据签章人用以逃避票据债务的手段，应慎重认定。票据法上要求票据行为人进行签章的目的是为了确定票据债务人的身份和行为能力，因此，在根据票据上的签章完全可以确认票据债务人

[①] 谢怀栻：《票据法概论》，法律出版社 2006 年版，第 63 页。
[②] 赵新华：《票据法论》，吉林大学出版社 2007 年版，第 52 页。

的情况下，仍然认定为票据无效，致使该票据上的全部法律关系均归无效，这不仅背离了票据签章所蕴含的票据法原理，更是不利于票据经济功能的发挥。① 如果票据行为人为使票据归于无效而故意选错印章，那么，这对于流通中受让票据的善意持票人显然有失公平，影响票据正常交易秩序，而这也是我国票据市场一直处于低谷、票据流通不够顺畅、票据信用功能发挥余地较小的重要原因之一。② 从票据法对无权代理人自行承担票据责任的规定中亦可以看出，对于完成满足法定要件的票据并将其置于流通的票据签章人，肯定其自行承担票据责任的做法更为合理。尽可能将流通中的票据认定为有效票据，从而扩大票据法的规范范围，有利于保护善意持票人的利益。《最高人民法院关于审理票据纠纷案件若干问题的规定》（以下简称《票据法司法解释》）第42条规定："银行汇票、银行本票的出票人以及银行承兑汇票的承兑人在票据上未加盖规定的专用章而加盖该银行的公章，支票的出票人在票据上未加盖与该单位在银行预留签章一致的财务专用章而加盖该出票人公章的，签章人应当承担票据责任"，而这一规定正是出于上述的考虑，存在未按法律规定所为的签章时，划归由签章人承担票据责任，避免某一签章的"不合法"引起对整个票据效力的否定。

关于签章所使用的名称，我国《票据法》第7条第3款规定："在票据上的签章，应当为该当事人的本名。"而一般的票据法理论则认为，票据上的签章可以不限于本名，只要能够确认行为人的同一性，通称、商号、雅号、艺名等均可。如果要求票据签章必须为当事人的本名，那么，行为人在票据上的签章并非本名时，即便该名称被大众所周知，亦只能认定其为无效签章，致使票据行为人

---

① 参见黄松有主编《票据法司法解释实例释解》，人民法院出版社2006年版，第231页。
② 参见黄松有主编《票据法司法解释实例释解》，人民法院出版社2006年版，第231—232页。

的票据行为无效，不成立票据债务。这种以票据行为绝对的无效（票据债务不存在的对物抗辩）为前提的理论构成，对于在流通中取得具备法定要件之票据（适法票据）的第三受让人来说极其不合理，有违票据法的立法宗旨。[①] 因此，应该认为只要具有承受票据行为所生之效果的意思而为签章，应使其尽量有效，至于如何确定票据债务人则委之于解释论，通过对既有规范及理论的合理解释来寻求妥当结论。

关于票据签章是否可以代行的问题，通常签字须由行为人本人亲自进行，否则笔迹不同不能认定为有效；至于盖章，是否本人亲自加盖或由他人代为盖章，很难查知，所以在一般情况下，只要印章真实，本人即应负责。[②] 但是，对于签章限于亲自签写这一点并无任何根据，而且如果不允许签章代行，则意味着无论代行人有无权限，均被否定其代行效力，这在票据出票的场合，出票签章无效即导致基本票据的无效，票据变成一张单纯纸张，从而在该票据上所为的所有意思表示行为均归无效。[③] 实际上，如甲授权乙替自己代为签章的场合，实不存在任何需要否定甲票据责任的正当理由，相反，如果在此种场合认定甲不承担票据责任，也就等于承认了甲免除自己票据责任的不当行为。[④] 鉴于此，票据签章的代行行为应认定其有效。

（二）债务负担意思表示的主观要件

关于意思表示，传统民法理论从表意人心理过程的角度对意思表示进行结构化分析，认为意思表示的构造包含四个要素[⑤]：行为意思、

[①] 参见赵新华《票据法》，人民法院出版社1999年版，第53页。
[②] 参见谢怀栻《票据法概论》，法律出版社2006年版，第63页。
[③] 参见［日］前田庸《手形法·小切手法》，有斐阁1999年版，第114页。
[④] 参见［日］前田庸《手形法·小切手法》，有斐阁1999年版，第114页。
[⑤] 参见梁慧星《民法总论》，法律出版社2001年版，第189页；［日］山本敬三《民法讲义Ⅰ》，解亘译，北京大学出版社2004年版，第84页。

表示意识、效果意思①及表示行为,其中,前三项为意思表示的内在意思要素,后一项为外在表示要素。关于债务负担意思表示的外在表示要素前已论述,下文中主要探讨前三项主观要素。

1. 主观要件之一:行为意思

行为意思,是指表意人自觉地实施某种行为的内心意思,即意思的表示是在表意人意志控制的状态下所为。因此,表意人自觉地实施一定的行为,则认为具有行为意思,相反,行为人在昏迷、睡眠、麻醉或身体受人控制等完全丧失自主意识的情况下作出的表示则认为是欠缺行为意思的情形。"意思表示首先是以一种可受意志控制的作为或不作为为存在前提"②,这就要求我们判断一个人的身体动作是否属于意思表示时,首先应判断这一动作是否是行为人有意识的行动,只有有意识的行为才产生是否视其为意思表示的问题。如一个人在无意识或精神错乱中所作的表示,欠缺行为意思,不构成意思表示。例如,甲以外力控制乙手,使其在票据上签字,因乙受到物理上的绝对强制,空有行为的外观,但非出于乙有意识的身体动作,故应该说在票据上进行签章的并不是乙,而是甲。可见,票据上的债务负担意思表示亦以存在行为意思为必要,即票据签章人必须有意识地、自觉地进行票据记载及签章。

须指出的是,前述对身体施加强制力的情况不同于对心理施加压力的情况。在后一种情况下,行为人是在心理上受到压力(如他害怕不进行签章就可能面临某种祸害)而进行意思表示。虽然行为人的意

---

① 有学者认为效果意思又称目的意思,从而将效果意思与目的意思等同起来;而有学者将目的意思与效果意思相区分,单列作为意思表示的构成要素。前者参见柳经纬《感悟民法》,人民法院出版社 2006 年版,第 149 页;后者参见董安生《民事法律行为》,中国人民大学出版社 2002 年版,第 164—165 页。笔者认为,效果意思的存在是以目的意思内容为基础的,没有目的意思内容,效果意思也无从产生,并且法律对二者的评价也总会是一样的。目的意思是效果意思的当然组成部分,没有必要将其从效果意思中分离出去。

② [德]卡尔·拉伦茨:《德国民法通论》(下册),王晓晔等译,法律出版社 2003 年版,第 451 页。

志决定自由受到了限制，根据民法的一般规定可以撤销其意思表示，但其表示本身仍然是一种有意识的行为，构成意思表示，只不过因存在意思表示瑕疵情形而影响其效力发生。

2. 主观要件之二：表示意思

表示意思（又称表示意识），是指表意人认识到其表示具有某种法律意义的意思。如不知某份单据是票据而在其上签章，行为人虽然自觉地实施了某种行为，具备行为意思，但没有从事该票据行为的内心意思，不知其表示行为具有法律意义，即欠缺表示意思。意思表示的逻辑起点在于当事人的自主决定，如果表意人并无欲参与法律交易，不应使其受到客观存在表示的法律拘束力。[①] 欠缺表示意思与意思表示错误的情形有着本质上的不同：后者，表意人主观上希冀发生一定法律上效果；而前者则否。因此，表示意思是意思表示的基本构成要素，即使在票据的场合，不宜认为有此意思表示外观（票据签章）的存在，表意人就应对其外在表示行为负责。但是，须指出的是，若依交易习惯及诚信原则，表意人的表示可能被有理性的第三人理解为意思表示行为，而相对人也如此认识，则发生意思表示外观信赖，对这种信赖亦不能置之不顾，应进一步判断表意人是否具有归责事由。如果表意人未尽必要注意，存在可归责之处，那么，纵实质上欠缺表示意思，法律上亦如同具备表示意思看待。[②] 尤其是在票据上，债务负担意思表示是以不特定多数人为表示对象，其后的票据受让人只能依票据书面判断意思表示的存在，经常发生对票据记载外观的合理信赖。鉴于此，可将票据债务负担意思表示的表示意思理解为："票据行为人认识到或者应当认识到其为票据"，如果有此认识，即可认定具备表示意思。

---

① 参见陈自强《民法讲义I契约之成立与生效》，法律出版社2002年版，第217页。
② 参见陈自强《民法讲义I契约之成立与生效》，法律出版社2002年版，第217页。

3. 主观要件之三：效果意思

效果意思又称法效意思，是指表意人欲依其表示内容发生特定法律上效果的意思。效果意思是法律行为区别于其他表示行为、事实行为或民事约定的本质所在，是意思表示的必备要素之一，"法律行为之有私法上自治之性质者，亦即因以法效意思为其成立要件也"①。票据债务负担意思表示的场合，是以负担票据债务的意思为其效果意思。效果意思分为内心上的效果意思和表示上的效果意思：内心上的效果意思，是指表意人内心意欲发生法律上效果的意思，即所谓真意；而表示上的效果意思，是指从表意人的表示行为所得推断的效果意思。② 思与表示的不一致，就是指内心上的效果意思与表示上的效果意思不相符合。③

意思表示是一种表达出来的意思，而票据上的债务负担意思表示又是对不特定多数人的意思表示，因此，其"表示内涵"就被赋予更为重要的法律意义，不得不考虑到善意第三人信赖利益的保护，不能单纯以不符合内心真意为由，将不特定多数人的债务负担意思表示在其成立阶段就予以排除，这显然不利于票据的流通及交易安全。鉴于此，对债务负担意思表示成立的判断标准，应以表示行为为本体，只要具备表示上的效果意思，即完成票据记载及签章，在无其他意思要素欠缺的情况下，就可以认定意思表示有效成立。④

综上所述，在票据上成立债务负担意思表示所需票据行为人意思的程度是："认识到或者应当认识到是票据"。换言之，票据行为人以在票据这一证券上进行签章的意思而完成票据签章，其所为表示行

---

① 胡长清：《中国民法总论》，中国政法大学出版社1997年版，第224页。
② 参见梁慧星《民法总论》，法律出版社2001年版，第190页。
③ 参见刘得宽《民法总则》，中国政法大学出版社2006年版，第214页。
④ 对意思表示成立阶段以表示上的效果意思为准的观点论证，详见金锦花《论意思表示的构成要素》，载于莹主编《法学微言》（赵新华教授花甲纪念），吉林人民出版社2007年版，第452—453页。

为即构成票据上的债务负担意思表示。

二 票据上债务负担意思表示的生效要件

（一）意思表示主体上的生效要件

行为能力的有无是认定意思表示有效与否的要件之一，各国民法对此均作出了明文规定，而这些有关行为能力的规定皆为强行法规范，不得依当事人的意思为行为能力的抛弃或变更。[①] 考虑到票据行为本质上属于一种法律行为，各国票据法都没有对票据行为人行为能力的判断标准另作规定，而是直接适用民法上的行为能力制度加以认定。这可能会不利于善意的票据受让人，但是，行为能力制度本身就是以牺牲交易安全来保护欠缺行为能力之人为宗旨，因此不允许仅在票据交易上排除该制度的适用。[②] 综上，民法上关于行为能力的一般规定亦适用于票据行为上，票据上意思表示包括债务负担意思表示和权利移转意思表示均要求行为主体具备行为能力。

1. 完全行为能力人

根据我国《民法典》第 17 条、第 18 条的规定，十八周岁以上的自然人为成年人，成年人具有完全民事行为能力，可以独立实施民事法律行为；十六周岁以上的未成年人以自己的劳动收入为主要生活来源的，视为完全民事行为能力人。完全民事行为能力人即具有票据行为能力，可以独立实施票据上意思表示包括债务负担意思表示和权利移转意思表示，并依票据所载文义独立承担票据责任。

2. 限制行为能力人

我国《民法典》第 19 条规定："八周岁以上的未成年人为限制民事行为能力人，实施民事法律行为由其法定代理人代理或者经其法

---

① 参见史尚宽《民法总论》，中国政法大学出版社 2000 年版，第 357—358 页。
② 参见［日］前田庸《手形法·小切手法》，有斐阁 1999 年版，第 121 页。

定代理人同意、追认，但是可以独立实施纯获利益的民事法律行为或者与其年龄、智力相适应的民事法律行为"；第22条规定："不能完全辨认自己行为的成年人为限制民事行为能力人，实施民事法律行为由其法定代理人代理或者经其法定代理人同意、追认，但是可以独立实施纯获利益的民事法律行为或者与其智力、精神健康状况相适应的民事法律行为。"即限制行为能力人所为的纯获利益的行为或者与其年龄、智力、精神健康状况相适应的意思表示行为有效；或者经法定代理人同意、追认的意思表示行为有效。根据前述规定，限制行为能力人在票据上所为的意思表示并不当然无效，如果经其法定代理人同意或追认即为有效的意思表示。但是，我国《票据法》第6条规定："无民事行为能力人或限制民事行为能力人在票据上签章的，其签章无效，但是不影响其他签章的效力。"这一规定使得在票据关系中限制行为能力人处于与无行为能力人同一法律地位，其所为的票据上意思表示（债务负担意思表示和权利移转意思表示）绝对无效，导致"在票据行为中，限制行为能力人和无行为能力人的划分变得没有意义"[①]。然而，大陆法系各国票据法的通常做法是限制行为能力人征得法定代理人同意后实施的票据签章为有效签章，发生票据法上的效力，该限制行为能力人依票据记载内容承担票据责任。如果法律上绝对否定限制行为能力人所为票据上意思表示的效力，蒙受损失的会是善意持票人，尤其票据上的债务负担意思表示，其关乎多数票据受让人的利益，因此应尽量使其有效成立。承认限制行为能力人经法定代理人同意实施或事后追认的票据上意思表示行为效力，不仅不违背行为能力制度保护欠缺行为能力人的意旨，更是有利于票据的流通及交易安全。鉴于此，我国《票据法》第6条关于限制行为能力人签章效力的规定有待于修改和完善。以上对票据行为能力的分析亦适用于票

---

① 于莹：《票据法》，高等教育出版社2004年版，第35页。

据上权利移转意思表示的场合。

(二) 意思表示要素上的生效要件

按照民法一般理论,意思表示欲发生表意人预期的法律效果以存在与票据上的表示内容相对应的内心意思,即内心上的效果意思为必要。行为人表示于外部的意思同其内心真实意思相一致,称为"健全的意思表示"。只有健全的意思表示才能发生完整的法律效力,至于有瑕疵的意思表示则影响其效力发生,或归于无效或得撤销。但是,在二阶段说之下,票据上的债务负担意思表示不同于民法上意思表示,因此,其有效成立所需具体意思内容也应根据票据法规范及理论中加以推导。

在二阶段说之下,债务负担意思表示是在票据书面上所为的、对不特定多数人的意思表示。基于票据的流通证券性,在票据上所为的债务负担意思表示经票据的流通到达至不特定的票据受让人,即票据上的债务负担意思表示具有"对世"的性质,进而表意人就与多个票据受让人产生票据关系,因此,债务负担意思表示的效力不仅关乎行为人与其直接相对人的关系,更是直接关系到所有该票据的正当持票人利益。而流通中受让票据的持票人只能通过票据书面记载了解该意思表示的具体情况,为了使票据受让人(群)尽可能准确认识到行为人意思表示内容,法律要求负担票据债务的意思表示必须在票据用纸上以法定的固定形式作出,票据上的表示内容也就具有了重要意义。鉴于此,债务负担的意思表示内容即效果意思被定型化,从而"票据行为人以书面方式作出自己的意思表示,票据所记载的文义即被视为行为人内在真实意思的反映"[1]。既然债务负担意思表示必须表达在作为流通证券之票据书面上,那么,就不能以未在票据记载上体现的内心真意为其效果意思,而应该根据票据上已作出的表示文

---

[1] 汤玉枢:《票据法原理》,中国检察出版社2004年版,第52页。

义,判断意思表示的内容(效果意思)。综上,债务负担意思表示以票据证券的存在为不可或缺的条件,并在该票据书面上进行债务负担的意思表示,其效果意思的认定方法与民法上一般意思表示理论有着本质上的区别,相对于民法上一般意思表示以内心真意为效果意思的意思主义原则,票据上的债务负担意思表示采取以票据上的表示为效果意思的表示主义原则。

赋予票据上记载内容以独立的法律意义且将债务负担意思表示的效果意思定型化为票据记载内容的情况下,票据行为人负担票据债务的意思内容要求,以存在"自己实施票据行为的意思"为已足,而此种意思通过"认识到或者应当认识到是票据而为签章"的行为中体现出来,依此即可推定签章人具有负担票据债务的意思。票据签章人既然知道是"票据",也就应当知道该证券将辗转流通至第三人,知道其意思表示内容只能依证券上的显示进行认定,而既然有此认识,仍然实施票据记载及签章,那么,将证券上记载内容作为其真实意思也是无可厚非。也正因为如此,"各国票据法均倾向于侧重票据上表示的表示主义,即以行为的外观来确定行为的效力"[①]。票据上的债务负担意思表示基于在票据上进行记载及签章而成立,而签章即表明票据上所表示的是票据签章人的意思。因此,票据行为人在进行签章之时必须认识到其所为的是票据上意思表示,而只要"认识到或者应当认识到是票据而为签章",即可认定成立债务负担意思表示;相反如果连这种基本"认识"都欠缺的场合,即否认意思表示的存在。例如,在票据用纸上进行签章的场合,即使不知道是票据用纸,或者没有作成票据的意思,如果通常当然应当有其认识,则应肯定该票据签章的效力,票据上的债务负担意思表示有效成立;而在一张白纸上所为的签章,被他人利用而作成票据的场合,通常应当认识不到

---

① 于莹:《票据法》,高等教育出版社 2004 年版,第 36 页。

其签章用于制作票据，因此，此时的票据签章为伪造签章，不存在签章人债务负担的意思表示。须指出的是，所谓意思表示的成立不以与表示行为相对应的内心意思的存在为必要，这并不是说债务负担意思表示不以效果意思为其构成要素，而是说该意思表示不以内心真意为其效果意思，即使没有内心意思，亦可承认票据上债务负担意思表示的效果意思而肯定意思表示的有效成立。另外，票据上的债务负担意思表示并不是不存在意思表示的瑕疵，只是票据书面记载之外存在的意思表示瑕疵对其意思表示的效力不生影响。

如上所述，债务负担意思表示依"行为人认识到或者应当认识到是票据并在该票据上进行签章"而有效成立。票据上的债务负担意思表示成立即生效的思考方式，符合票据的作成与票据债权的发生应同时进行的二阶段说的观点。因此，票据上的债务负担意思表示"只要票据行为人认识到或者应当认识到是票据而为签章"，即使在其意思表示的内容上存在瑕疵，票据作成行为的效力亦不受其影响。这不仅深度考量法律行为制度基础，亦顾及流通证券上所为意思表示的特性；既然在意思表示的成立阶段已充分反映出行为人的意思，那么，即使就具体内容存在意思的欠缺及瑕疵，其意思表示的效力也不应受其影响。①

（三）意思表示方式上的生效要件

票据为流通证券，为了使流通中取得票据的第三人能够准确把握行为人意思表示内容，票据法对票据上的表示方法作出了严格规定，前已述及。因此，如果表意人负担债务的意思表示未在票据书面上进行或欠缺表示行为要素（票据签章和记载）即不成立票据上债务负担意思表示。但是，如果票据上已有记载和签章，而该记载或签章不

---

① 参见［日］小松俊雄《手形行为の瑕疵についての一考察》，《法律论丛》第35卷第4·5·6号，第142页。

符合法律规定的要求,债务负担意思表示亦归于无效。如行为人以自己的艺名为签章的场合,虽然确实由其本人亲自进行的签章,但根据我国《票据法》第 7 条的规定,只能认定该签章为无效签章,所为债务负担意思表示亦不发生法律效力。

(四) 意思表示内容上的生效要件

我国《民法典》第 143 条规定了民事法律行为的有效要件,即行为人具有相应的民事行为能力;意思表示真实;不违反法律、行政法规的强制性规定,不违背公序良俗。我国《票据法》第 3 条亦规定:"票据活动应当遵守法律、行政法规,不得损害社会公共利益。"然而,票据行为是"一种形式上的行为,本身并无合法与不合法的问题"①,因此,"票据行为的合法性,最终表现为作为其发生前提的原因关系的合法性"②。例如,为了支付赌债而签发票据时,该出票行为的意思表示之所以不合法,归根结底源于作为其原因关系的赌债支付的不合法。换言之,"票据行为的不合法,实际上是票据行为的目的不合法"③。根据二阶段说的观点,债务负担意思表示具有无因性,一经完成其效力就不再受原因关系的影响,原因关系无效,债务负担意思表示仍有效成立。因此,对票据行为的合法性要求,亦即票据上意思表示的实施目的(动机)不合法时,不能简单地认定其意思表示无效,至少在票据上意思表示的第一阶段即债务负担意思表示依票据上的表示而独立地发生效力。可见,民法关于意思表示内容的合法性要求并不是票据上债务负担意思表示的生效要件,因此,《民法典》第 153 条"违反法律、行政法规的强制性规定的民事法律行为无效;违背公序良俗的民事法律行为无效"的规定;第 151 条:"一方利用对方处于危困状态、缺乏判断能力等情形,致使民事法律行为成

---

① 吕来明:《票据法基本制度评判》,中国法制出版社 2003 年版,第 165 页。
② 赵新华:《票据法》,人民法院出版社 1999 年版,第 65 页。
③ 赵新华:《票据法》,人民法院出版社 1999 年版,第 65 页。

立时显失公平的，受损害方有权请求人民法院或者仲裁机构予以撤销"等规定均不适用于债务负担意思表示的效力认定上。

综上所述，票据上债务负担意思表示的生效要件有：行为人须具备票据行为能力；行为人在票据上所为的记载及签章必须符合法律规定的要求。鉴于此，票据上债务负担意思表示的有效成立所需的要件事实可表述为：票据行为能力人认识到或者应当认识到是票据而在该票据上进行符合法定形式的签章，债务负担意思表示即可有效成立。

三　票据上债务负担意思表示的法律效力

根据上文分析，可将票据上意思表示第一阶段的债务负担意思表示的效力规则表述为：票据行为能力人知道或者应当知道是票据而在该票据上进行符合法律规定的记载及签章，票据上债务负担意思表示即有效成立。

债务负担意思表示是票据法上特有的不同于民法一般规定的意思表示，因此，其所需意思的程度只能根据票据法规范及理论推导出来。如前所述，债务负担意思表示的效果意思是定型化之表示上的效果意思，因此，票据签章人负担票据债务的最低意思要求是以存在"自己进行票据上意思表示的意思"为已足。换言之，与票据签章人是否期望依票据所载文义发生法律效果（具体的内心效果意思）无关，认识到是票据并存在进行票据作成行为（记载及签章）的事实，债务负担意思表示成立，产生票据债务及与之相对应的票据债权，票据签章人必须对票据权利人（正当持票人）负担票据债务。而参与票据关系的意思，"从知道或者应当知道是票据并为法定形式的记载和签章"的行为中体现出来，依此可以推定票据签章人具有负担票据债务的意思。鉴于此，可将成立票据上债务负担意思表示所需意思的程度表述为：行为人知道或者应当知道是票据而在该票据上进行记载并签章。亦即在已知为票据或者虽不知为票据但对该不知有过失的情况下，即认定已作出的债务负担意思表示（记载及签章）有效，自始产生票据债务；反之，在不知为票据且就该不知无过失的场合，不构成债务负担意思表示，票据债务亦不发生，该事实作为对物抗辩事由可以向任何持票人主张。基于二阶段说的票据债务负担意思表示理论符合"表示意义的可归责性原理"，即"表意人之作为意思表示的行为所具有的意义，必须可归责于表意人本身"[①]，因此，只有在表意人能够认识到他人会对其行为所作的理解，其行为意义才可归责于他，而如果表意人本身不能够预料到其行为会被他人理解为意思表示，并没有意识到其行为会产生法律效果，那么此种"意思表示的风险"不应由表意人承担。

（一）债务负担意思表示的生效时期

一项意思表示于何时生效，就要看该意思表示是否是需受领的意思表示，而在二阶段说之下，债务负担意思表示是对不特定多数人的、无须受领的意思表示，"无须受领的意思表示一经发出即生效，无须到达"[②]，而"发出的要件是：表意人必须完成了一切为使意思表示生效所必需的行为"[③]。因此，票据上的债务负担意思表示在票据行为人完成表示行为即在票据上完成符合法律规定的记载及签章，那么该意思表示于票据签章人处成立并立即生效。

（二）债务负担意思表示的法律效果

基于债务负担意思表示的有效成立，票据作为有价证券而完成，产生票据债务及与之相对应的票据债权，从而票据签章人作为票据债

[①] ［德］卡尔·拉伦茨：《德国民法通论》（下册），王晓晔等译，法律出版社2003年版，第483页。

[②] ［德］迪特尔·梅迪库斯：《德国民法总论》，邵建东译，法律出版社2000年版，第220页。

[③] ［德］迪特尔·梅迪库斯：《德国民法总论》，邵建东译，法律出版社2000年版，第205页。

务人向持有该票据的正当持票人（票据权利人）依票据所载文义负担票据债务。

具体而言，在出票人进行债务负担意思表示的场合，该票据债务与票据债权同属于该出票人（票据签章人），从而在这一阶段出票人既是票据上的义务人亦是权利人：一方面，出票人虽是票据上的义务人，但因同时又是权利人，无须实际负担自己对自己的债务；另一方面，出票人作为票据上的权利人，享有处分权，可以将对自己的票据债权转让于他人。在背书人为债务负担意思表示的场合，依背书人有效的债务负担意思表示而在该票据上成立对背书人的票据债务及与之相对应的票据债权，而背书人作为原票据权利人，可将既存于票据上的对其前手的票据债权与自己追加于票据上的对其自己的票据债权一并转让给被背书人。在承兑人或保证人为债务负担意思表示的场合，依其有效的签章而成立承兑人及保证人的票据债务及与之相对应的票据债权。但承兑人及保证人享有的仅限于其在票据上创设的对其自己的票据债权，因为承兑人和保证人并不是票据上既存权利（对其他签章人的票据债权）的享有者，这些权利均归属于票据的正当持票人。

第三节 票据上权利移转意思表示的成立及生效

不同于票据上债务负担意思表示关系到票据授受当事人以外的票据受让人，票据上权利移转意思表示仅涉及票据授受直接当事人之间的票据关系，其与民法上一般意思表示基本性质相同。因此，关于票据上权利移转意思表示的成立及生效完全可以参照民法关于意思表示的一般理论。

一 票据上权利移转意思表示的成立要件

票据上权利移转意思表示同样作为内心意思向外部的表达，其成立与民法上一般意思表示理论亦须具备客观要素之表示行为与主观要素之行为意思、表示意思和效果意思。

（一）权利移转意思表示的客观要件

在二阶段说之下，权利移转意思表示是对特定相对人的需受领的意思表示，因此，其不同于债务负担意思表示，必须向特定的受领人发出。意思表示的发出，是指表意人为表达其法律行为意思而完成必要的行为。例如，意思表示中的"表示"要求针对特定人作出书面表示，则将该书面文件交付给受领人之时意思表示即可认定已"发出"；而在该书面文件作成阶段，意思表示尚未发出；只要表意人还保留着该书面文件，特定受领人还不知悉其意思，所以，表意人的意志还不能算作已"发出"。① 而其"意思表示的发出及到达，除交付（票据）外别无他途"②，并且既然在票据上表彰票据债权，该债权让与就必须以票据证券的交付为必要，否则将导致权利与其载体之证券相分离，因此，票据上权利移转意思表示的客观要素为交付行为，这亦符合证券上权利的发生、转移和行使均依赖于证券之票据的完全有价证券属性。综上，票据签章人作成票据之后，须将该票据交付给相对人，实现票据占有的实际转移，才能最终转让既存于票据上的票据权利。

此外，票据上权利移转意思表示表示行为的形式要求，有必要区分出票行为与出票外其他票据行为进行探讨。出票人根据票据的作成行为——票据上债务负担意思表示——负担票据债务，并由其取得与票据债务相对应的票据债权，又依票据的交付行为——票据上权利移转意思表示——将该票据权利转让给收款人。可见，出票行为既是第一个债务负担意思表示，同时也是第一个权利移转意思表示，因此，出票行为意思表示的成立具有一定的特殊性，如果债务负担意思表示

---

① 参见［德］卡尔·拉伦茨《德国民法通论》（下册），王晓晔等译，法律出版社2003年版，第570—571页。

② 郑洋一：《票据法之理论与实务》，三民书局2001年版，第69页。

不成立,作为有价证券的票据也就无法完成,权利移转意思表示也就无成立之余地。因此,出票行为的权利移转意思表示既要具备权利移转意思表示本身的表示行为要素即交付行为,还要求债务负担意思表示既已有效成立。而出票行为以外的其他票据行为,其权利移转意思表示则不具有这种特殊性,只要满足权利移转意思表示本身的成立要件即可产生转移票据权利的效果。

(二) 权利移转意思表示的主观要件

关于意思表示成立的主观要素,权利移转意思表示应与债务负担意思表示相同,须具备行为意思、表示意思及效果意思。详言之,票据行为人所实施的交付行为必须是其有意识的情况下自觉而为(具备行为意思);行为人必须认识到其所为的交付行为将发生票据法上权利移转的效果(具备表示意思);行为人期待依其表示而发生转移票据上权利的法律效果(具备效果意思),则行为人所为表意行为即票据的交付行为构成票据上权利移转意思表示。对于权利移转意思表示,在其成立与否的判断亦应以表示上的效果意思为准进行。

二 票据上权利移转意思表示的生效要件

在二阶段说之下,票据上权利移转意思表示是对特定相对人的意思表示,而民法上"关于意思表示的规定,事实上也是针对有相对人的意思表示所为"[1],因此,完全可以直接适用民法关于意思表示的一般规定进行效力判断。当然,票据上权利移转意思表示通过票据这一有价证券进行,必然也具有一定的特殊性。

(一) 意思表示主体上的生效要件

当事人欲为有效的票据上意思表示,必须具有票据行为能力。我国《票据法》第6条亦规定,无行为能力人或限制行为能力人所为的

---

[1] 陈自强:《民法讲义Ⅰ契约之成立与生效》,法律出版社2002年版,第45页。

票据行为无效。无行为能力人为法定无能力，因此，不问其有无识别能力，所为意思表示均归无效。"此无效为绝对无效，纵已得法定代理人之允许或承认，其行为仍不能发生效力。"① 无意思能力人所为之票据上权利移转意思表示亦为无效，此自不待言。限制行为能力人未经法定代理人同意而为权利移转意思表示亦归无效，此前已述及。此外，《日本民法典》第5条、《德国民法典》第110条均有规定，在法定代理人规定目的或者未规定目的而允许处分的财产，未成年人在其目的范围内可以任意处分。根据该条规定，未成年人在其被允许目的范围内处理票据时，此票据处分即权利移转意思表示应属有效。②

1. 行为能力的判断时期

关于有无行为能力的判断时期，根据所采取的票据行为理论的不同而有差别。根据民法的一般原则，作出意思表示之人有无行为能力的判断以发出意思表示当时的情况为准确定。采用契约说及发行说的场合，票据行为人有无行为能力，应以交付或者占有转移之时的情况为准，而根据契约说票据在交付后到达相对人之前的期间交付相对人已知票据行为人丧失行为能力的事实则不成立票据债务；而权利外观说则对行为能力有无的判断时期没有作出合理说明，这也是其理论缺陷之一。在二阶段说之下，涉及两个阶段的意思表示，因此，行为人有可能在意思表示的不同阶段所具备的行为能力会有不同，有必要区别债务负担意思表示和权利移转意思表示二者分别进行考察。具体而言，债务负担意思表示是依票据的作成而成立的无相对人的单方意思表示，因此，以票据行为人为票据的作成行为之时具有行为能力为已足；而权利移转意思表示（票据的交付行为）是有相对人的意思表示，因此，虽以交付时有行为能力为必要，但其后丧失行为能力而票

---

① 史尚宽：《民法总论》，中国政法大学出版社2000年版，第359页。
② 参见［日］前田庸《手形法·小切手法》，有斐阁1999年版，第131页。

据交付的相对人知道该事实，则该意思表示亦不能有效成立。

如果票据行为能力人于票据作成时无行为能力，而在交付票据时恢复行为能力的，视为自始具有行为能力。因为在交付票据之前，票据尚在行为人手中，行为人于恢复行为能力之后完全可以且有机会撤销先前的债务负担意思表示，而仍进一步实施了权利移转意思表示的情况下，应认为后一意思表示是对先前意思表示的"追认"。如果票据行为人于票据作成时有行为能力，而在交付时丧失行为能力，此时债务负担意思表示既已有效成立，因此，此作为权利移转意思表示是否有效成立的问题在意思表示瑕疵有关规定及善意取得规定二者之一为依据予以处理。

2. 处分能力

票据上权利移转意思表示是以票据债权的让与为内容的处分行为，因此，为使该处分行为有效，除具备行为能力之外尚须有处分能力。① 即票据行为人就其欲转让的票据债权享有处分权，才能使其所为权利移转意思表示有效成立。"无权利人就他人之物之处分，原则上虽属无效，然法律为保护善意第三人，往往设有保护规定"②，而善意取得制度为其规定之一。因此，无处分权人所为权利移转意思表示归于无效，但票据上的善意第三人受到票据法的特别保护，故符合善意取得成立要件的票据受让人，可以从该无权利人处善意取得票据权利。

（二）意思表示要素上的生效要件

根据我国《民法典》第143条第（二）项的规定，意思表示符合生效要件即可称"意思表示真实"。所谓"意思表示真实"，是指表意人的表示行为真实地反映其内心的效果意思。③ 票据上权利移转

---

① 参见史尚宽《民法总论》，中国政法大学出版社2000年版，第371页。
② 参见史尚宽《民法总论》，中国政法大学出版社2000年版，第375页。
③ 参见王利明《民法总则研究》，中国人民大学出版社2003年版，第569页。

意思表示欲使其意思自始发生完整的法律效力，不仅须在形式上具备意思表示行为的构成要素，而且此表意行为在行为过程中还应符合自愿真实的要求，即所谓意思表示健全且无瑕疵。关于意思表示存在瑕疵时票据上意思表示的效力认定规则将在下文中专章进行论述。

(三) 意思表示内容上的生效要件

在二阶段说之下，债务负担意思表示具有无因性，即意思表示的内容仅以票据上的记载文义构成，也就不存在意思表示的内容合法与否的问题，亦不适用我国《票据法》第 10 条关于票据原因关系和票据对价的规定。但是，票据的无因性并不是说票据行为的产生不存在原因事实，相反，票据关系直接当事人之间授受票据必有其原因，具有原因关系上的牵连性。因此，根据二阶段说，直接相对人之间进行的权利移转意思表示具有有因性，据此，不仅是票据上的记载文义，原因关系上的事由亦构成其意思表示的内容，进而判断其内容合法与否亦须考察原因关系状态。综上，权利移转意思表示的内容，如果违反我国《民法典》第 143 条第（三）项关于民事法律行为的合法性要求或者违反我国《票据法》第 10 条关于原因关系和票据对价的规定，不发生权利转移的效果，票据受让人无法取得票据权利。

(四) 意思表示相对人的生效要件

票据上的权利移转意思表示是对特定相对人的意思表示，因此，其意思表示必须向特定的相对人发出，即以意思表示到达相对人为其生效要件之一。这在票据上是票据行为人向其权利移转意思表示相对人交付票据，以实现票据占有的转移，并由相对人受领（占有）票据，即能满足意思表示相对人方面的生效要件。

另外，票据上权利移转意思表示是需受领的意思表示，其有效成立又有赖于受领意思表示与之相呼应，因此，还要求意思表示相对人必须具有受领能力。可见，票据上的权利移转意思表示作为对特定相对人的意思表示，其有效成立从行为人的角度，要求票据行为人必须具有行为能力;而从相对人的角度,要求必须有票据受让人有效的受领,即受领能力。"有行为能力者皆有受领能力,无行为能力者亦无受领能力。限制行为能力人,则于其有行为能力之范围内,亦有受领能力。"① 另外,根据民法一般意思表示理论,对无行为能力人或限制行为能力人发出的需受领的意思表示,要求须到达至法定代理人而经法定代理人同意,但因权利移转意思表示所生的法律效果会使票据受让人"纯获利益",因此根据《民法典》第19条、第22条、第145条的规定权利移转意思表示的效力发生不受其票据相对人有无行为能力的限制。

三 票据上权利移转意思表示的法律效力

(一)票据上权利移转意思表示的生效时期

在二阶段说之下,票据上权利移转意思表示是对特定相对人的意思表示,而一项意思表示相对于特定的人作出则为需受领的意思表示,那么在到达至受领人之时才发生效力,② 因此,票据上的权利移转意思表示于票据交付的相对人受领票据之时始为生效。

(二)票据上权利移转意思表示生效的法律效果

经权利移转意思表示的有效成立,票据权利才能得以转移,具体而言:出票人为权利移转意思表示的场合,其作为票据上的最初权利人,经有效的票据交付行为而将对自己的票据债权转让给收款人,由收款人取得票据权利;在背书人为权利移转意思表示的场合,依背书人有效的票据交付行为而将该票据上既存的对前手签章人的票据债权和追加于票据上的对其自己的新债权一并转让给被背书人,由被背书人取得票据权利;在承兑人或保证人为权利移转意思表示的场合,承

---

① 史尚宽:《民法总论》,中国政法大学出版社2000年版,第360页。
② 参见〔德〕迪特尔·施瓦布《民法导论》,郑冲译,法律出版社2006年版,第375页。

兑人和保证人并非是票据上既存权利的正当权利人,因此,依其有效的交付行为只能处分其所创设的对自己的权利,由正当持票人享有票据权利。

第三章 票据上意思表示瑕疵论

票据上意思表示存在瑕疵（包括意思的欠缺及意思表示瑕疵）的场合，应依何种规则判断其效力，大多数国家票据法上均未作出特别规定。从适用法的角度，关于票据上意思表示的瑕疵，在作为特别法之票据法上没有特别规定时，应适用作为一般法之民法的规定，即民法上关于意思表示的一般规定。然而，由于一般民事法律行为中的意思表示大多发生在直接当事人之间，对于当事人的意思较容易探究，因此，民法上关于意思表示的规定，主要采用意思主义原则而设立，倾向于保护表意人。① 而票据上意思表示，经票据的辗转流通到达至不特定的多数票据受让人，致使票据法以行为人与第三受让人之间票据关系的调整为常态，并为促进票据流通及交易安全而致力于保护善意持票人的利益，因此，在其意思表示存在瑕疵时能否直接适用民法关于意思表示的一般规定不无疑问。

第一节 票据上意思表示的瑕疵与民法规定的适用

民法关于意思表示的一般规定能否直接适用于票据行为上，至今

---

① 通常认为，民法意思表示的规定中设置有对善意第三人的保护，则该规定基于"表示主义"而设立；反之，如果未设置善意第三人保护的规定，则是属于"意思主义"的规定。

众说纷纭、莫衷一是。但是，各学说均试图以其理论构造逻辑自洽地推导出保护善意受让人利益之结论。通常，票据法学者根据其所主张的票据行为理论的不同，采取不同的意思表示瑕疵理论，而即使是同一票据行为理论的支持者，其所主张的意思表示瑕疵理论亦可能有所不同。

一　票据上意思表示瑕疵理论的学界观点

（一）全面适用说

全面适用说认为，票据行为是一种民事法律行为，因此票据法对意思表示的瑕疵未作特别规定时，应当直接适用作为一般法之民法关于意思表示的有关规定。日本学者纳富义光是较早提出全面适用说的学者之一，他在其著作《票据法·支票法论》中指出，票据行为是一种法律行为，因此当然得适用民法关于意思表示的规定。① 日本学者高木正则亦赞同全面适用说，认为："票据行为是以意思表示为要素的法律行为，且票据法上并没有排除适用民法意思表示规定的明文规定，因此应当支持全面适用说；全面适用说以外的诸学说均存在无法协调的问题，无法赞同。"② 日本学者关俊彦亦认为："如果说票据法是特别法，那么毫无疑问民法是一般法。法理上，特别法优先于一般法，而一般法补充特别法，因此，对某事项票据法中未作规定，而民法中有相关规定时，当然应适用作为一般法之民法的规定。从而，票据行为就其意思表示问题适用民法规定实属当然之理。"③

我国台湾地区学者李钦贤对全面适用说提出了批评，他主张："票据法虽无明文规定，但票据法上的各个规定均渗透着票据制度之立法精神，因此，绝对不能以无明文规定，即断然认为民法上之规

---

① 参见［日］纳富义光《手形法·小切手法论》，有斐阁1941年版，第125页。
② ［日］高木正则：《手形行为における意思の欠缺·意思表示の瑕疵》，《法律论业》第74卷第6号，第109页。
③ ［日］関俊彦：《手形理论のあり方》，《法学》第65卷第5号，第10页。

定，当然照样全部适用于票据行为之意思表示，而毫无例外。由此推论，当民法上规定适用之结果，有违票据制度之立法精神时，至少应解释为得排除或限制其适用，始为合理"。①

（二）个别修正适用说

个别修正适用说认为，票据上意思表示存在瑕疵时，表示主义原则应优先于意思主义原则而适用，因此民法上基于表示主义的规定，即明文规定不得以无效或可撤销对抗善意第三人的，可以且应当直接适用于票据行为；而基于意思主义的规定，则应排除适用或修正适用。田中耕太郎认为："票据行为是一种法律行为，因此应服从于民法关于法律行为的一般原则；但是票据行为具有特殊性，即票据行为是有关金钱支付的证券上行为，且又是流通证券之票据上的行为，因此须变更民法一般原则。"② 我国台湾地区学者梁宇贤亦认为："倘主张全部适用，将有碍票据之流通。……票据系流通证券，辗转流通于不特定人间，为保护第三人之取得，应采表示主义，俾促进票据之流通。因此上开规定，其依表示主义者，得于票据行为适用之，而其依意思主义者，则应修正适用。"③

至于在票据行为上如何修正适用民法上基于意思主义的规定，学者又提出了各种不同的修正方法：有学者主张，民法关于意思表示的规定未设置对善意第三人的保护规范时，依权利外观理论实现对善意第三人的保护，即存在成立有效票据债务的外观事实、行为人对导致该外观事实有可归责的原因（如在票据上签章）、存在对该外观事实为正当交易的相对人信赖，则依权利外观理论④保护善意第三人的利

---

① 李钦贤：《票据法专题研究》（一），三民书局1996年版，第96页。
② 参见［日］田中耕太郎《手形法小切手法概论》，有斐阁1935年版，第142页。
③ 梁宇贤：《票据法新论》，中国人民大学出版社2004年版，第39页。
④ 关于权利外观理论，日本学者认为其法律依据是《日本票据法》第16条第2项规定："不论出于何种事由，对于失去汇票占有者，持票人依据前项的规定（背书连续）证明其权利的存在，则不负有返还票据的义务。但持票人取得票据出于恶意或有重大过失者，不在此限。"

益，票据签章人必须承担依票据外观确定的责任；另有学者主张，民法关于意思表示的规定未设置对善意第三人的保护规范时，应类推适用设有第三人保护的其他规定①来保护善意受让人。尽管这些主张所依据的理论基础有所不同，但一致认为票据上意思表示的瑕疵不能对抗善意第三人，从而均致力于寻求逻辑自洽地得出保护善意第三人利益之结论的理论构造。

然而，诸多学者对个别修正说提出了质疑。高木正则指出："基于这种立场（个别修正适用说），虽同样是意思的欠缺、意思表示的瑕疵问题，却分为依民法加以规范的场合和依票据法加以规范的场合，导致法律适用上的不统一；而且如果说应由签章人自己负担外观责任，则这种理论应同样适用于所有存在意思的欠缺、意思表示瑕疵的情形，而不能只对部分意思表示规定进行个别修正，这导致理论脉络上的不连贯。"② 学者李钦贤亦认为："个别修正适用说之依据主要在强调票据行为之特质或表示外观之信赖，其理论未必正确，仅因票据行为之特质，而修正民法规定之适用，难谓有充分之依据，且部分适用，部分不适用，流于恣意，不能做统一之理解。"③

（三）一般修正适用说

相对于个别修正适用说对民法意思表示的规定进行个别修正以保护善意第三人的主张，一般修正适用说则克服个别修正说的逻辑缺陷试图对民法规定进行统一修正而适用。一般修正适用说认为，民法所规定的意思表示瑕疵一般规则，仅在票据行为直接当事人之间得以适

---

① 此处的其他规定，日本学者认为是《日本民法典》第94条第2项规定："前项（虚伪表示）规定的意思表示无效，不能对抗善意第三人"；《日本民法典》第96条第3项规定："根据前两项（诈欺和胁迫）的规定作出对因诈欺而为意思表示的撤销，不能对抗善意第三人。"

② 参见［日］高木正则《手形行为における意思の欠缺・意思表示の瑕疵》，《法律论业》第74卷第6号，第91页。

③ 李钦贤：《票据法专题研究》（一），三民书局1996年版，第95页。

用，而在与第三人的关系上则排除适用民法的规定。因此，民法规范的是直接当事人之间的法律关系，但对票据行为来说，票据行为人的意思经票据的流通由直接相对人到达至第三人处，行为人即与该第三人发生票据法律关系，而票据行为人与第三票据受让人之间的票据关系并非是民法设立之初所考虑到的，因此当然应该排除民法规定的适用。日本学者小桥一郎主张一般修正适用说，他指出："民法的规定亦适用于票据行为的意思表示上，但其仅适用于意思表示的直接相对人，在与票据第三受让人之间的关系上则不能加以适用。"[①] 我国台湾地区学者郑洋一认为，民法关于意思表示的规定完全适用于票据行为上将有碍交易安全，应修正适用；民法关于意思表示欠缺及瑕疵的规定，仅规定存在于相对人之间的相对关系，因而直接授受票据的当事人之间固应有其适用，唯对票据的第三受让人之间的关系上，则毫无讨论之必要。[②] 李钦贤亦认为："当民法上的规定适用之结果，有违票据制度之立法精神时，至少应解释为得排除或限制其适用，始为合理。依据上述推论之结果，在票据行为直接当事人之间，仍得适用民法上有关意思表示之规定，亦即于直接当事人间之票据行为自始无效或因撤销而无效，惟行为人不能以无效为由，对抗善意第三票据取得人，亦即其票据行为对于该善意第三人仍然有效。"[③] 我国学者赵新华亦主张一般修正适用说，认为："对于票据行为上的意思表示这一实质要件，在票据法上并无特别规定，通常应适用民法上有关意思表示的一般规则。但是，由于一般民事法律行为上的意思表示，大多存在于特定的当事人之间，因而，是以尊重当事人意思的意思主义为原则的；而票据行为上的意思表示，由于票据的辗转流通，而存在于不特定的多数当事人之间，因而，为加强票据的流通性，并保护票据

[①] ［日］小桥一郎：《手形行为论》，有信堂1964年版，第300页。
[②] 参见郑洋一《票据法之理论与实务》，三民书局2001年版，第59—60页。
[③] 李钦贤：《票据法专题研究》（一），三民书局1996年版，第96页。

的善意受让人，则倾向于采取注重票据上表示的表示主义的原则。基于这一原则，就票据行为上的意思表示来说，仅在直接当事人之间，行为人才可能主张其真实意思，与票据上的表示不一致，或者意思表示的过程上有瑕疵，从而拒绝履行票据义务；而对于善意第三人，则不能作上述主张。"①

（四）适用否定说

根据适用否定说的观点，民法有关意思表示的一般规定完全不适用于票据行为，该说是日本票据法学界赞同学者较多的学说。持适用否定说的学者认为：票据行为是特殊的法律行为；票据行为是行为人认识到是票据，而为具备法定形式的签章，并据此发生法定效果的作成行为无关行为人的内心意思，因此民法意思表示一般规定不适用于票据行为，即应全面排除适用意思表示的民法规定，而须重新建构适合于票据行为的意思表示规则。② 日本学者并木俊守认为，直接或者修正适用民法规定的思维方式没有充分理解票据法律关系，并指出：票据行为效力的发生不受其意思表示瑕疵的影响，只要以在票据上签章的意思进行了票据签章，那么即使该签章的意思表示存在瑕疵，将此票据交付于相对人而当然地产生票据债务；同时票据作为表彰与该票据责任相对应的权利之物而有效成立，至于相对人是否享有票据权利则属另一问题。③ 根据适用否定说，票据上意思表示需要具备哪些要件必须有一个票据法理论上的一般规则，而票据行为所要求的意思程度是"表意人认识到或者应当认识到是票据而为签章"，而如果欠缺此种意思，票据行为即归无效。④ 综上，根据适用否定说，意思表

---

① 赵新华：《票据法》，人民法院出版社 1999 年版，第 63 页。
② 参见 [日] 服部荣三《手形行为と民法》，《法学》第 27 卷第 2 号，第 145 页。
③ 参见 [日] 并木俊守《手形行为の瑕疵についての疑问と考察》，《日本法学》第 23 卷第 4 号，第 477 页。
④ 参见 [日] 木村暎《手形证券の流通性を中心とする意思表示规定の解释》，《高崎经济大学论集》第 1 卷第 1 号，第 70 页。

示存在瑕疵的场合，只要票据行为人认识到或者应当认识到是票据而在该票据上完成符合法定形式的签章，票据债务即有效成立，票据签章人不得以民法上的事由而免除其票据债务，仅对于知悉此等事由的恶意相对人，或者依一般恶意抗辩，或者将意思表示的瑕疵作为对人抗辩事由而与拒绝该相对人行使权利。

上述民法上意思表示的一般规定完全不适用于票据行为的适用否定说，亦有很多学者提出了质疑。日本学者长谷川雄一认为，票据行为是一种法律行为，因此，不能全然排除民法规定的适用，"即使最终得到否定适用的结论，但自始将票据行为断绝与一般法律行为之间的联系，这在理解票据行为上不无疑问"①。我国台湾地区学者李钦贤亦认为，适用否定说在采取民商分离立法例的国家，解释上尚有可能成立，但在采取民商合一立法例的我国则相当困难。②

二 对票据上意思表示瑕疵理论的评价

上述各学说的观点，大体上反映出票据上意思表示瑕疵理论的学说发展历程：起初，民法作为一般法当然应全面适用于票据行为的观点占据主流；之后考虑到票据行为的特殊性应当对民法规定加以变通后适用的观点成为主流学说；再后来，全面否定适用民法规定而建立独立的票据行为意思表示理论的观点受多数学者青睐，而纵观各学说均有其支持者和反对者，至今尚未形成学界一致意见。须注意的是，判断学说观点的合理与否，必须纳入到一国的现行立法体系中予以考察，不仅要以其理论构造获得妥当的结论，更要符合本国的立法逻辑，理论探讨若脱离立法实际将会变得毫无意义。鉴于此，下文中，将立足于我国立法状况，对票据上意思表示瑕疵理论的学界学说逐一

---

① 参见［日］长谷川雄一《手形抗弁の研究》，成文堂1990年版，第369页。
② 参见李钦贤《票据法专题研究》（一），三民书局1996年版，第95页。

分析和检讨，以期择取最符合我国实际情况的学说理论。

（一）对全面适用说的评价

如果采用全面适用说，票据上意思表示的瑕疵将直接导致票据行为的无效，这在抗辩性质上应属于票据债务不成立的对物抗辩。因此，按照全面适用说，票据上意思表示瑕疵作为对物抗辩事由票据行为人可以向任何持票人主张，这显然不利于保护善意第三人，危害票据的交易安全。为了解决这一问题，有学者建议将票据上意思表示瑕疵区分为票据行为本身的瑕疵和票据上内容的瑕疵，主张意思表示的瑕疵存在于票据行为本身的场合，其作为票据行为无效或可撤销的抗辩事由，可以对抗善意受让人；如果意思表示的瑕疵非票据行为本身的瑕疵，而仅存在于票据上内容者，则不得以此对抗善意受让人。①但是，常常票据行为本身的瑕疵和票据上内容的瑕疵无法明确划分，例如，本欲签发10万元的票据却签发100万元的票据时，这既可以认为票据金额的记载发生错误（票据上内容的瑕疵），也可以认为行为人并没有签发100万元票据的意思（票据行为本身的瑕疵），因此，没有必要区分票据行为本身的瑕疵和票据上内容的瑕疵。综上所述，在我国不宜采用全面适用说。

（二）对个别修正适用说的评价

根据个别修正适用说，票据上意思表示存在瑕疵时，民法明文规定不得以无效或可撤销对抗善意第三人的，可以且应当直接适用于票据行为上；如果无此规定，则排除适用或修正适用。个别修正适用说在肯定适用民法规定的同时，又承认对民法规定进行个别的、部分修正，理论本身即存在矛盾。须指出的是，我国《民法典》关于意思表示瑕疵的规定均基于意思主义原则而设定，未设置对善意第三人保护的表示主义规定，而个别修正适用说的适用前提是民法关于意思表

---

① 参见［日］长谷川雄一《手形抗弁の研究》，成文堂1990年版，第366页。

示的一般规定中存在基于意思主义的规定和基于表示主义规定两类，对于票据的善意第三人则类推适用表示主义规定。可见，立足于我国立法情况，不具备个别修正适用说的适用前提，如果执意采用，也因均为意思主义规定而变得"全然不适用"。

（三）对一般修正适用说的评价

根据修正适用说的主张，民法上意思表示瑕疵的一般规定，仅在直接当事人之间予以适用，而在与第三人的关系上则排除适用民法规定。一般修正适用说将民法关于意思表示瑕疵规定的适用限定在直接当事人之间，导致直接当事人之间归于无效的票据行为，在与票据第三受让人之间的关系上又成为有效的票据行为，致使票据债务于第三人处自始发生。如此一来，同一票据证券在其流通过程中依所处阶段的不同，效力评价不同，在某阶段不表彰权利，而在另一阶段又表彰权利，这显然与有价证券法理不相符合。① 由于不可能存在一个意思表示适用民法规定而归于无效，同时又因否定适用民法规定而转为有效，根据一般修正适用说的主张最终导致两个意思表示的存在，即得适用民法规定的直接当事人之间的意思表示和否定适用民法规定的对第三受让人的意思表示。然而，即使票据行为人事先已预知受领其意思表示的相对人可能为不特定的多数人，也不能对每个人分别作出意思表示，这显然违背常理；纵然从小桥一郎所主张的复数契约说的立场上看，票据证券上所为的自始至终是一个票据上意思表示。② 另外，按照一般修正适用说的观点，民法关于意思表示瑕疵的规定仅适用于票据行为的直接当事人之间，因此基于意思表示瑕疵而无效或可撤销构成对人抗辩事由，但是，意思表示瑕疵抗辩的主要论争点应该是票据债务是否有效成立的问题，这与抗辩事由存在于原因关系上的对人

---

① 参见吴京辉《票据行为论》，中国财政经济出版社2006年版，第78页。
② 参见［日］长谷川雄一《手形抗弁の研究》，成文堂1990年版，第368页。

抗辩，在性质上显然不同，但若要排除这类抗辩的适用只能依赖权利外观理论，而权利外观理论在我国立法中尚无适用根据，其适用主体和适用范围均无法确定。可见，一般修正适用说亦不可采纳。

（四）对适用否定说的评价

根据适用否定说，民法关于意思表示的一般规定完全不能适用于票据行为，而票据上意思表示存在瑕疵的场合，只要"票据行为人认识到或者应当认识到是票据而在该票据上为符合法定形式的签章"，即认定票据债务有效成立，其效力发生不受意思表示瑕疵的影响。但是，在适用否定说之下，难以界定票据上意思表示瑕疵的抗辩性质。对此，有学者建议，对于知道意思表示存在瑕疵等事由的相对人可以以对人抗辩与之相对抗，但是按照适用否定说，只要"认识到或者应当认识到是票据而为签章"即成立票据债务，从而当事人债务负担意思的具体内容不构成票据上意思表示的效果意思。这在一方面，主张票据上意思表示的瑕疵须构建独立于民法一般规则的瑕疵理论，认为无须负担债务的具体意思，意思表示即有效成立；另一方面又承认欠缺负担债务的具体意思构成对人抗辩事由，这无疑是承认就一票据行为上存在无法相容的双重意思表示概念。此外，这又与将票据上意思表示瑕疵作为对人抗辩事由的修正适用说招致相同的结果，存在与修正适用说相同的适用缺陷，其存在也就变得毫无意义。① 为此，有学者主张，可以向知道意思表示存在瑕疵等事由的恶意相对人主张一般恶意抗辩以对抗相对人行使权利。② 但是，须注意的是，所谓的一般恶意抗辩并非是票据法上规定的作为对人抗辩切断之例外的恶意抗辩。票据法上的恶意抗辩，是指在票据义务人得对持票人的前手主张对人抗辩的场合，该持票人明知有害于票据义务人而受让票据时，票

---

① 参见［日］庄子良男《手形抗弁论》，信山社1998年版，第137—138页。
② 参见［日］铃木竹雄《手形法・小切手法》，有斐阁1957年版，第139页。

据义务人得以对其前手的对人抗辩事由对抗该持票人。① 换言之，票据法所规定之恶意抗辩中的"恶意"是第三人的恶意（第三人明知其前手存在抗辩事由而受让票据），而一般恶意抗辩则是以直接相对人的"恶意"为其启动条件。② 可见，一般恶意抗辩在票据立法上无可依据的条款规定，其要件及效果都不甚明确。虽然这种一般恶意抗辩仅限于票据授受当事人之间得以主张，但是仅在相对人为恶意时才能主张，还是可以无限制地主张？以这种抗辩对抗票据的第三受让人时，该第三人的主观要件以票据法所规定的恶意抗辩为基准确定，还是以单纯的恶意为基准，或者有重大过失的场合亦可对抗？对于在善意受让人之后介入的恶意人是否仍能对抗等问题均不明确。综上所述，一般恶意抗辩的提出，在解释论上增添了更多疑问，不仅最终未能合理地解决问题，还承认了在整个票据抗辩体系中具有"中间性格"的抗辩，致使瑕疵理论甚至抗辩理论都更趋于复杂，难以苟同。③

纵观各学说观点，考虑到对善意第三人的保护，一方面，即使是全面适用说，票据行为或不归于无效，或承认存在不得主张无效的例外情形，从而在适用民法规定而导致票据行为归于无效的场合，亦承认票据债权、债务某种程度上的成立；另一方面，即使是适用否定说，亦承认票据签章人对"恶意人"以票据上意思表示瑕疵抗辩进行对抗的可能性。不能完全无视作为一般法之民法规范的存在，至少应承认其"宗旨的适用"，这也正是各学说的结论基本上没有差异的原因。通过分析票据上意思表示瑕疵的各学说，可以看出，将民法的意思表示规定直接或间接适用于票据行为的观点，均有不合理之处。这在根本上是因为民法上意思表示的规定是以直接当事人之间的法律

---

① 参见赵新华《票据法论》，吉林大学出版社 2007 年版，第 87 页。
② 参见［日］铃木竹雄《手形法·小切手法》，有斐阁 1957 年版，第 139 页。
③ 参见［日］庄子良男《手形抗弁论》，信山社 1998 年版，第 138 页。

关系为中心、以第三人的介入为例外，而将此规定适用于经票据流通而不特定多数人之间发生的法律关系为常态的票据债务负担行为上，显然无法得到合理的结论，而全面排除适用民法规定的学说又有忽视票据行为的意思表示本质之虞。总之，各学说观点均存在其逻辑框架内无法克服的理论缺陷，无法赞同。

三 票据上意思表示瑕疵理论的再构成

（一）票据行为理论与票据上意思表示瑕疵理论

对票据上意思表示瑕疵理论的选择，根据所主张的票据行为理论的不同而会有不同。根据契约说的主张，票据行为人在票据上按照法律的规定完成记载和签章即作成票据，并将该票据作为与直接相对人之间的契约交付于相对人，从而在相对人处自始产生票据债权。根据这种理解，票据行为与一般民事法律行为无太大差别，在其存在意思表示的瑕疵时可以且应当直接适用民法关于意思表示瑕疵的一般规定。但是，全面适用民法规定将有碍于票据的流通及交易安全，因此，后有学者又提出修正适用说，主张对民法规定加以变通后适用。然而，在契约说的立场上，无论其采用哪一种学说作为意思表示瑕疵的处理依据，都无法克服上述传统票据上意思表示瑕疵理论的逻辑缺陷。

根据发行说的主张，票据行为人完成票据作成行为，且通过实施有相对人的单方行为即交付行为，在相对人处自始产生票据债权。从而，在票据上意思表示有瑕疵的场合，或采用修正适用说、或采用适用否定说，只能选其中之一作为票据上意思表示瑕疵理论。因此，在发行说的立场上亦无法克服传统票据上意思表示瑕疵理论的适用缺陷。

由于契约说及发行说对票据行为采用一元构成理论，因此，对于民法规定的适用问题也只能采取一元化的处理方式。① 如此一来，不仅在票据上意思表示瑕疵理论中只能选择一种学说作为理论基础，从而无法克服学说自身的逻辑缺陷，对于票据的作成行为瑕疵和交付行为瑕疵一体化而只能作"一刀切"的处理，从而，作成行为和交付行为二者中的任何一行为有瑕疵均导致整个票据行为的瑕疵，这无疑加大票据行为归于无效而致使票据债权自始不成立的概率。总而言之，传统票据行为一元构成理论在意思表示瑕疵的场合，亦无法对瑕疵行为所致异常票据关系进行多维度的系统分析，无法实现瑕疵意思表示的表意人和票据的善意第三人之间的利益平衡。

（二）票据上意思表示二阶段瑕疵理论

二阶段说对票据上意思表示采取二元构成理论，即票据行为人所为的票据上意思表示分为债务负担意思表示和权利移转意思表示，因此，能否适用民法关于意思表示的一般规定，也需要区分两个意思表示进行探讨。此外，在二阶段说之下，票据的作成行为与票据的交付行为有着独立的法律意义，因此，即使存在共通的瑕疵，亦产生两方面的法律效果，从而有必要区分两个意思表示进行瑕疵分析，并分别考察意思表示瑕疵所引起的法律后果。

在二阶段说之下，债务负担意思表示是无相对人的意思表示，其意思表示的效力不仅关系到直接相对人，更是关乎所有该票据的受让人，而我国《民法典》中关于意思表示的规定，"事实上是针对有相对人的意思表示所为"②，而票据上意思表示是对不特定多数人的意思表示，其适用结果不可能得出妥当的结论。具体而言，如果将民法关于意思表示的一般规定适用于债务负担意思表示瑕疵情形的效力认定上，意思表示的瑕疵导致票据债务的不成立，该事由构成对物抗辩

---

① 参见[日]前田庸《手形法·小切手法》，有斐阁1999年版，第126页。
② 陈自强：《民法讲义Ⅰ契约之成立与生效》，法律出版社2002年版，第45页。

向包括善意第三人在内的任何持票人主张，这显然有损于票据交易安全。因此，为保障交易安全，最终只能考虑的修正适用方式是：只要相对方无恶意与重大过失，即使有过失也给予保护。[①] 而且债务负担意思表示是无相对人的意思表示，不应受票据交付相对人或者票据的第三受让人主观情况的左右，而如果适用民法规定，其成立与否就要受到相对人是善意抑或恶意这一主观情况的影响，这又与票据上债务负担意思表示的性质不相容。

相对于此，票据上权利移转意思表示是对特定相对人的意思表示，其意思表示的效力范围在直接当事人之间，与一般债权让与行为基本性质一样，因此可以直接适用民法关于意思表示的一般规定。那么，权利移转意思表示的瑕疵，会导致交付行为的无效或可撤销，票据签章人可以向票据受让人行使其为无权利人的无权利抗辩；而仅限于票据受让人为善意且无重大过失的场合，在票据行为人与第三受让人之间排除适用民法意思表示规定而成立善意取得。

综上所述，关于债务负担意思表示，由于其为对不特定相对人的意思表示，因此，在债务负担意思表示存在瑕疵时，应全面排除民法一般规定的适用，而构建符合其自身性质的意思表示瑕疵理论，在这一点上与适用否定说可作同一理解；而关于权利移转意思表示，由于其为对特定相对人的意思表示，因此，可以且应该直接适用民法的一般规定，这一点可与全面适用说作同一理解。换言之，二阶段说的立场上，对于债务负担意思表示"全面否定"民法一般规定的适用，而对于权利移转意思表示则"全面肯定"民法一般规定的适用。这种理论构造不仅可以弥补适用单一意思表示瑕疵理论的不足，因其对构成票据上意思表示的两个表示行为分阶段进行瑕疵分析，从而对票据上意思表示瑕疵问题的探讨更加系统和全面。

---

① 参见［日］前田庸《手形法·小切手法》，有斐阁1999年版，第127页。

（三）两个阶段意思表示瑕疵的认定规则

1. 作成行为存在瑕疵而交付行为不存在瑕疵的场合

作成行为上存在意思表示的瑕疵而为交付行为时无瑕疵的场合，票据的交付行为不仅是对票据权利的转移，同时意味着对作成行为的确认，因此，此时可视为先前的债务负担意思表示瑕疵被"修复"，当前不存在瑕疵。换言之，在交付时点上可以"治愈"签章时点上的瑕疵。① 例如，票据签章人是受到胁迫而进行了票据签章，但在胁迫状态解除后仍依其自由意志进行了票据的交付，此时在进行交付之前票据尚由票据签章人占有，其处于完全可以涂销签章或者毁损票据的地位而仍实施了交付行为，因此，可以视为是对其签章意思表示的"追认"，从而没有必要考虑先前签章行为的瑕疵。鉴于此，对于已完成交付的票据而言，如果在交付行为的时点上不存在意思表示的瑕疵，那么没有必要在作成行为的时点上对此再进行检讨。②

2. 作成行为不存在瑕疵而交付行为存在瑕疵的场合

债务负担意思表示是在票据书面上进行，且该意思表示以不特定多数人为其效力对象（因为以不特定多数人为对象，所以也就需要以特定的方式为之）。如果作成行为——债务负担意思表示没有瑕疵，那么，即使实施交付行为之时存在瑕疵事由，票据债务本身依有效的作成行为而既已产生。因此，该交付行为的瑕疵仅构成权利移转意思表示的瑕疵，其引发的是票据上权利移转方面的异常情况。换言之，在这种情况下，票据行为人向正当的票据受让人所为的债务负担意思表示上没有瑕疵，而向直接相对人所为的权利移转意思表示存在瑕疵，从而只能否定直接相对人作为票据正当受让人的资格，该票据受让人也就无法取得票据权

---

① 参见 [日] 菱田政宏《手形行为と意思表示の瑕疵》，《关西大学法学论集》第 32 卷第 3 · 4 · 5 号，第 281 页。
② 参见 [日] 菱田政宏《手形行为と意思表示の瑕疵》，《关西大学法学论集》第 32 卷第 3 · 4 · 5 号，第 281 页。

利，但票据签章人仍应向善意的票据受让人负担票据债务。

需指出的是，意思表示的瑕疵应以实际上实施意思表示之时为基准进行考察，而并非是意思表示到达相对人之时。即使在欠缺交付、签章后丧失行为能力或者意思表示存在瑕疵等场合，如果作成行为不存在瑕疵的话，票据债务仍然有效成立。债务负担意思表示存在瑕疵，随后其瑕疵的原因状态解除，而票据又被盗取的，此时如果可以认定原因状态消除之后签章人仍有使用该票据的意思，那么应承认其票据责任。

（四）两个阶段意思表示瑕疵的联系

权利移转意思表示的瑕疵是关乎权利归属主体的问题，与债务负担意思表示各自独立地发生效力，但又有一定的联系：如果权利移转意思表示无效或者经撤销而归于无效，那么，票据受让人无法成为权利的归属主体，票据签章人亦无须对该票据受让人负担票据债务。当然，这并不是说完全免除票据签章人的票据责任，在该票据上存在其他正当权利人时，票据签章人对该正当权利人亦须负担票据债务。另外，如果不是票据的正当受让人，即相应的权利移转意思表示归于无效，不管债务负担意思表示的效力如何，票据签章人对该票据受让人均不承担票据责任；即使前手受让人为真正的权利人，如果现在的票据受让人处存在权利移转意思表示的瑕疵，该票据受让人亦无法承继到完全有效的票据权利。

即使依有效的债务负担意思表示而成立的票据债权，在权利移转意思表示因存在瑕疵而无效或者经撤销而归于无效时，交付的直接相对人亦无法取得票据权利。例如，第一背书上存在权利移转意思表示的瑕疵，背书人对于被背书人可以以无权利抗辩进行对抗的同时，请求返还票据；出票人亦可对该被背书人主张无权利抗辩。但是，第一背书人的权利移转意思表示即使存在瑕疵，但既已成立，因此，作为保护第二背书之被背书人的主观要件，无须行为人存在归责事由的善意取得，相较于权利外观理论，更符合逻辑性。总之，就权利移转意思表示，原则上直接适用民法意思表示的一般规定，但如果相对人为善意时，不论有无过失，不得主张无效或撤销；即使相对人为恶意，对于善意的第三人不论有无过失，不能以无效或可撤销相对抗。然而，权利移转意思表示具有有因性，因此，如果不存在有效的原因关系，被背书人对与背书人及出票人的关系上不仅无法取得票据权利，背书人亦可对被背书人的请求以无权利抗辩进行对抗，同时还可以请求返还票据，而且出票人亦可对此被背书人主张无权利抗辩。

第二节 票据上债务负担意思表示的瑕疵

票据上债务负担意思表示的瑕疵，亦即票据作成行为的瑕疵。在二阶段说之下，债务负担意思表示是对不特定多数人的意思表示，具有单方性、要式性、无因性和独立性特征，因此，不同于民法上的一般意思表示，其效力发生不受瑕疵事由的影响；只要票据行为能力人认识到或者应当认识到是票据而在该票据上签章，债务负担意思表示即有效成立，产生票据债务；至于债务负担意思表示的瑕疵，则作为权利移转意思表示的瑕疵加以处理。票据的作成行为包括记载行为和签章行为，从而在此一个或者两个行为上都可能存在瑕疵。由于票据上所为的记载均须以行为人的签章予以确认，因此，记载行为的瑕疵最终均归结为签章行为的瑕疵。鉴于此，笔者对债务负担意思表示瑕疵的探讨主要围绕着签章行为的瑕疵而进行。

一　意思能力的欠缺[①]

（一）无行为能力人所为票据上意思表示

关于无行为能力人，我国《民法典》第20条规定，不满八周岁

[①] 行为人意思能力的欠缺不仅影响票据上债务负担意思表示的效力发生，亦影响票据上权利移转意思表示的效力，因此，在此将二者一并进行探讨。

的未成年人为无民事行为能力人,由其法定代理人代理实施民事法律行为;第 21 条第 1 款规定,不能辨认自己行为的成年人为无民事行为能力人,由其法定代理人代理实施民事法律行为;第 21 条第 2 款规定,八周岁以上的未成年人不能辨认自己行为的,适用前款规定。另外,《民法典》第 144 条规定:"无民事行为能力人实施的民事法律行为无效。"可见,无行为能力人不能独立实施意思表示行为,其所为的意思表示无效。此条款为强制性规定,即有无行为能力的认定是法定的无行为能力,不问其实际上有无辨别能力,所为的意思表示均为无效。因此,无行为能力人所为票据上债务负担意思表示归于无效,不成立票据债务,从而签章人无行为能力作为对物抗辩事由,可以对抗任何持票人。我国《票据法》第 6 条亦规定:"无民事行为能力人或者限制民事行为能力人在票据上签章的,其签章无效。"此外,无民事行为能力人所为权利移转意思表示亦归无效,此时行为人无行为能力作为无权利抗辩事由,拒绝直接相对人行使票据权利,并可以请求其返还票据。

(二) 限制行为能力人所为票据上意思表示

关于限制行为能力人,我国《民法典》第 19 条规定:"八周岁以上的未成年人为限制民事行为能力人,实施民事法律行为由其法定代理人代理或者经其法定代理人同意、追认";第 22 条规定:"不能完全辨认自己行为的成年人为限制民事行为能力人,实施民事法律行为由其法定代理人代理或者经其法定代理人同意、追认";第 145 条规定:"限制民事行为能力人实施的其他民事法律行为经法定代理人同意或者追认后有效。"根据这些规定,限制行为能力人所为的票据上意思表示并不当然无效,如果事先得到法定代理人的同意,或者事后得到法定代理人的追认,均认定为有效的意思表示。然而,我国《票据法》第 6 条规定,限制行为能力人所为票据签章为无效签章,那么,不论是否得到法定代理人的同意或追认,其意思表示均归无效。但是，各国通常的做法是根据民法关于民事行为能力的规定，限制行为能力人经法定代理人同意后所为票据行为认定其有效成立。

限制行为能力人未经法定代理人同意而实施票据上意思表示的场合，可以分为以下几种情况加以探讨。①

第一，如果限制行为能力人未经法定代理人同意所为的票据行为事后得到法定代理人的追认，或者待限制原因消除后原限制行为能力人对先前其所为的票据行为予以承认时，该行为应转为有效。

第二，大陆法系国家民法通常规定，限制行为能力人或者无行为能力人单纯获利的行为有效。我国《民法典》第19条、第22条及第145条亦规定，限制行为能力人可以独立实施纯获利益的民事法律行为；限制民事行为能力人纯获利益的民事法律行为有效。然而，票据上债务负担意思表示是以负担债务为目的的行为，很难认为以纯获利益为标的；即使确以纯获利益而为，该所获利益亦存在于原因关系上，而债务负担意思表示具有无因性，其效力发生与否不受原因关系的影响。因此，限制行为能力人所为的债务负担意思表示不存在"纯获利益而有效"的情况。而票据上的权利移转意思表示是以转让票据权利为内容，亦难谓为纯获利益的行为，亦不适用"纯获利益"之例外规定。

第三，各国民法通常规定，限制行为能力人可以进行与其年龄、智力、精神健康状况相适应的法律行为，纵然未征得法定代理人同意亦属有效的行为。对此我国《民法典》第19条、第22条及第145条规定，限制民事行为能力人可以独立实施与其年龄、智力、精神健康状况相适应的民事法律行为；限制民事行为能力人实施的与其年龄、智力、精神健康状况相适应的民事法律行为有效。但是，债务负担意思表示是以单纯负担票据债务为其内容，而且通常票据金额较大，难

---

① 参见梁宇贤《票据法新论》，中国人民大学出版社2004年版，第37页。

谓与限制行为能力人的年龄、智力和精神状况相适应，现实生活中很难存在小额票据。这在权利移转意思表示的场合亦同。

第四，法定代理人允许限制行为能力人处分的财产，即可认定限制行为能力人就该财产具有处分能力，因此，限制行为能力人在该处分能力范围内所为的票据上意思表示，包括债务负担意思表示和权利移转意思表示应属有效。

（三）无意思能力人所为票据上意思表示

完全行为能力人及限制行为能力人虽可以独立或者经法定代理人同意而为意思表示，但在进行意思表示当时必须具有辨识其行为及其法律后果的意识力，"在全无意识或在精神错乱中所为之意思表示，客观的虽或有一定之表示，然主观的毫无认识，则根本无行为之成立，应为无效"①。《最高人民法院关于贯彻执行〈民法通则〉若干问题的意见》第66条亦规定："行为人在神志不清的状态下所实施的民事行为，应当认定无效。"而实质上，这种无意思能力的场合即为欠缺意思表示的主观要素之一——行为意思的场合；欠缺行为意思，则不构成意思表示，故此无效为绝对无效，不因法定代理人的承认而转为有效。② 因此，不论是完全行为能力人抑或限制行为能力人，在无意思能力的状态下所为的意思表示均为无效。这些规定亦适用于票据上意思表示，无意思能力人在票据上所为的表示行为，不构成意思表示：所为票据签章的场合，此作为对物抗辩事由，可以向任何持票人拒绝支付票据金额；所为票据交付的场合，此作为无权利抗辩，可以向交付的直接相对人提出，并请求其返还票据。

总而言之，票据上意思表示因行为人欠缺行为能力而归于无效后，自始不发生效力，不论相对人是善意还是恶意，行为人都不承担

---

① 史尚宽：《民法总论》，中国政法大学出版社2000年版，第359页。
② 史尚宽：《民法总论》，中国政法大学出版社2000年版，第359页。

票据责任。因此，作为票据上意思表示的相对人应对票据行为人是否具有票据行为能力给予充分的注意。当然，基于票据上意思表示独立原则，某一票据上意思表示的无效不影响其他票据上意思表示的效力，其他票据签章人仍应按照票据所载文义承担票据责任。

二 债务负担意思的欠缺

票据上意思表示欠缺负担债务的意思，通常有以下情形：其一，在无意识的情况下进行签章或者在绝对的外力强制下进行签章；其二，不知是票据用纸而为签章的场合，例如，将票据用纸误认为是收据而进行了签章；其三，存在票据伪造、票据变造的场合，例如，作为练习在空白纸上进行了签名而他人用该签名制作了票据等。

（一）欠缺行为意思

票据上的签章并非是行为人自觉进行的场合，如行为人在无意识或精神错乱中进行了签章；或者在绝对的强制下进行了签章①，这些属于欠缺行为意思的情形。行为意思是意思表示的构成要素，因此行为意思的有无，实质上并非是意思表示的瑕疵问题，而是意思表示成立与否的问题。票据上虽存在负担债务的表示（即签章），但欠缺行为意思的场合，此表示不构成债务负担意思表示，从而不产生票据债务，票据签章人可以向任何持票人主张票据债务不存在的对物抗辩。

（二）欠缺表示意思

不知道是票据用纸而在其上进行了签章的场合，例如，将票据用纸误认为是收据而进行了签章或者盲人不知手中的纸张为票据用纸而进行了签章时，应如何处理，各学说一致认为如果没有实施票据行为的意思，即使形式上存在票据签章亦没有理由承担票据责任。但是，

---

① 如甲以外力控制乙手，使其在票据上签章时，空有签章的外观，但并非出于签章人有意识的身体动作。

如何判断有无实施票据行为的意思，存在分歧：有学者认为只要在票据用纸上进行了签章即可视为具有实施该票据行为的意思；有学者认为能够判断应当具有表示意思的场合，即使实际上无此意思，也应视为具备表示意思；另外，有学者又将无实施法律行为意思的问题作为意思表示存在错误的情形进行探讨。① 但是，严格意义上，不知道是票据而为签章的场合，并非是意思表示的错误，仍属于欠缺表示意思的情形，还是意思表示成立与否的问题，并不是所为意思表示存在瑕疵。如同在第二章所分析，如果行为人"知道或者应当知道是票据而为签章"，即可认定签章人具有表示意思；反之，如果行为人"不知道是票据且对该不知无过失"的场合，即使票据上已存在签章，此亦不构成意思表示，从而如同未进行签章的场合一样亦不产生票据债务。此作为对物抗辩事由，票据上的签章名义人可以对抗任何持票人。如果将票据用纸误认为是收据而进行了签章，而对该不知又存在过失，那么，即使实际上无负担票据债务的意思，也不能免除票据债务；但是，如盲人不知手中的纸张为票据用纸而进行了签章，因盲人是不可能识别票据，所以，即使存在签章的事实，亦不构成意思表示，不承担票据责任。

须指出的是，应将上述欠缺表示意思的情形与意思表示存在错误的场合相区别。在已知其为票据或者虽不知为票据，但对该不知有过失的场合，例如，欲签发10万元的票据，却因过失将票据金额记载为100万元的场合，仍须负担100万元的票据债务。因为，此时其行为已构成债务负担意思表示，无论如何都无法主张票据债务不成立的对物抗辩。

（三）票据伪造

票据伪造是指行为人假借他人名义作成票据，并在票据上为一定

---

① 参见［日］竹田省《意思表示の瑕疵と手形抗弁》，载竹田省《商法の理论と解释》，有斐阁1959年版，第655页。

的票据行为，从这一意义上来说，"票据伪造也就是票据签章的伪造"①，即票据伪造所涉及的是意思表示的主体。在票据伪造的场合，票据上存在以被伪造人的名义进行的票据签章，从而在外观形式上已完成债务负担意思表示。但是，被伪造人全然没有实施票据上意思表示的内心意思，即欠缺意思表示成立所需全部主观要素，甚至其表示行为（签章）也并非被伪造人所为，难以认定为是由被伪造人实施的意思表示。因此，即使存在签章外观，也不能认定存在被伪造人的意思表示，亦不成立被伪造人的票据债务，而此作为对物抗辩事由，被伪造人可以向任何持票人主张，无论其就票据伪造有无过失，抑或持票人取得该票据时就票据伪造是否为善意，被伪造人均不承担票据责任。需指出的是，被伪造人不承担票据责任，并不是绝对的，在特殊情况下，如在伪造票据受让人在取得票据时，有理由相信被伪造人的签章为真实签章，即被伪造人就伪造票据成立表见代行②时，被伪造人不能免除票据责任。此外，在被伪造人对伪造签章予以追认时，被伪造人当然亦承担票据责任。此时被伪造人的票据责任，从现行立法上看，并不是依票据法的直接规定确定，而是首先根据民法上的有关原则认定其在票据伪造上的责任，再根据票据法的有关规定，认定其票据责任。③

伪造人虽然是票据的实际行为人，但是票据上的签章并非是其本人的签章，亦即伪造人并非是票据签章人，也就不能是票据债务人，亦不存在相对人的信赖问题。此不同于使用他人的名义进行票据上意思表示的场合：在以他人的名义进行票据行为的场合，实际行为人具有将此行为的效果归属于自己的意思，即具有负担票据债务的意思；

---

① 赵新华：《票据法论》，吉林大学出版社2007年版，第91页。
② 关于成立票据签章表见代行的情形，详见赵新华《票据法论》，吉林大学出版社2007年版，第96—97页。
③ 参见赵新华《票据法论》，吉林大学出版社2007年版，第96页。

而票据伪造的场合，伪造人不但没有负担票据债务的意思，反而企图将债务负担转嫁于他人。我国《票据法》第14条第1款规定："票据上的记载事项应当真实，不得伪造、变造。伪造、变造票据上的签章和其他记载事项的，应当承担法律责任。"此处的法律责任，并非是票据责任，而是刑法上规定的因构成伪造金融票证罪而承担的刑事责任和民法上规定的因给他人造成损失而承担的民事赔偿责任。

（四）票据变造

票据变造是指无变更权限的人，对票据上的记载事项加以变更，从而使票据法律关系的内容发生改变。[①] 如前所述，票据伪造涉及的是债务负担意思表示的主体，而票据变造涉及的是债务负担意思表示的内容，亦即票据伪造是对票据债务人的伪造，而票据的变造是对票据债务内容的变更。在票据变造的场合，变造之前签章的人并非没有负担债务的意思，至少对其签章当时（变造之前）的票据上所记载的内容具有负担债务的意思，即其所为的是以变造前记载为内容的债务负担意思表示；而变造后的签章人，在其进行签章时，是以变造后的票据记载为其意思表示的内容，当然应依该文义负担票据债务。我国《票据法》第14条第3款规定："票据上其他记载事项被变造的，在变造之前签章的人，对原记载事项负责；在变造之后签章的人，对变造之后的记载事项负责；不能辨别是在票据被变造之前或者之后签章的，视同在变造之前签章。"可见，即使存在票据变造，签章人亦不能免除票据债务：对于票据变造前在票据上进行签章的人，根据变造前的票据记载事项承担票据责任；对于票据变造后在票据上进行签章的人，根据变造后的票据记载事项承担票据责任；不能辨别是在票据被变造之前或者之后签章的，视同在变造之前签章。概言之，票据签章人所负票据债务的内容，应依签章人进行签章之时的票据记载内

[①] 参见赵新华《票据法论》，吉林大学出版社2007年版，第99页。

容来确定。

至于票据变造人，如果该变造人同时也是票据上的签章人，通常为变造记载内容的目的是为了减轻自己的票据责任，那么，按照变造之前的记载事项承担责任为妥当，这也符合票据法上关于票据变造之债务负担一般规则。如果变造人非票据签章人，未在票据上签章，那么就不是票据债务人，不承担票据责任。即使票据变造人就其变造行为进行了签章证明，其行为本身也不能认定为有效的票据上意思表示行为，不产生票据债务。总之，对于票据变造人来说，一般不发生票据责任，这与票据伪造的情况一样，主要承担刑法上责任和民法上责任。但在特殊情况下，如变造人原为票据上的签章人时，当然亦依票据所载文义承担票据责任。

第三节　票据上权利移转意思表示的瑕疵

票据上权利移转意思表示的瑕疵亦即票据交付行为上的瑕疵。在二阶段说之下，权利移转意思表示是对特定相对人的意思表示，因此，依其性质需要在票据交付直接当事人之间加以考察，而其后的票据受让人处于民法上的"第三人"地位。前文分析，权利移转意思表示发生在直接当事人之间，与民法上一般意思表示的基本性质相同，在其存在瑕疵的场合，完全可以且应该直接适用民法关于意思表示的一般规定。因此，原则上有瑕疵的权利移转意思表示依民法的规定而无效或者得撤销；作为例外，依善意取得制度保护票据的善意受让人。票据法上的善意取得制度是权利移转意思表示因瑕疵而无效或者经撤销归于无效的场合，保护信赖其前手为正当票据权利人的善意第三人，从而，即使票据持票人是从前手无权利人处受让票据，只要其符合善意取得制度的适用条件仍可取得票据权利。依善意取得制度而取得票据权利的善意人处于正当权利人的地位，无须向所为瑕疵意思表示的表意人返还票据。此外，须指出的是，权利移转意思表示是否存在瑕疵，应在票据交付的时点上进行判断。①

一　权利移转意思的欠缺

权利移转意思的欠缺，即通常所谓票据交付的欠缺，严格意义上，此不同于权利移转意思表示存在瑕疵的情形。权利移转意思表示存在瑕疵，意味着票据上已存在权利移转意思表示，只不过因该意思表示不健全而不能发生完整的法律效力，而在欠缺权利移转意思的场合，则直接否认其意思表示的存在。

权利移转意思的欠缺，可存在以下几种情形：

第一，交付行为人在毫无意识的情况下，或者受到绝对的外力强制而将票据交付于相对人，则该权利转移的表示欠缺行为意思；

第二，交付行为人不知道是票据而进行了交付的场合，该表示行为欠缺表示意思；②

第三，已作成的票据于交付之前被盗或者遗失（即所谓占有脱离），或者暂时保管在他人处，而他人未经寄托人的同意任意而为交付（即所谓占有委托），此时签章人不仅完全没有交付票据的意思，交付行为本身也并非其本人所为。

以上三种情况是涉及权利移转意思表示是否存在的问题，并非是既已存在的意思表示是否健全的问题，而学者通常所谓"交付的欠缺"即指上述第三种情况。

欠缺权利移转意思即欠缺交付的场合，缺乏意思表示的成立要

---

① 参见［日］菱田政宏《手形行为と意思表示の瑕疵》，《关西大学法学论集》第32卷第3·4·5号，第285页。
② 该情形在理论上亦可加以探讨，但在现实中几乎不可能发生。既然此时票据的作成人与交付人是同一人（如果并非是同一人则是盗取或遗失的场合），那么，不可能不知道是票据；但如果确实没有认识到，而又有意识，那么，只能认为存在重大过失，此时行为人无法受到保护。

件，因此，不构成权利移转意思表示。但是，权利移转意思表示是对特定相对人的意思表示，因此，其不成立的效果仅及于交付的直接相对人：一方面，权利移转意思表示存在瑕疵，交付的直接相对人不仅不能依交付而取得票据权利，亦不能善意取得票据权利，其作为无权利人只能向正当权利人返还票据；另一方面，票据行为人只要实施了有效的债务负担意思表示，对于从无权利人处取得票据的善意受让人及从前手权利人处经有效的交付行为而取得票据的第三受让人，票据签章人均应依票据所载文义负担票据债务。

二　意思与表示不一致

（一）真意保留

虚伪意思表示，包括单独虚伪表示和通谋虚伪表示，其中，单独虚伪表示又称真意保留，我国《民法典》没有规定单独虚伪表示，却在第146条规定了虚假的意思表示此为通谋虚伪表示。所谓真意保留，是指表意人故意隐匿其真意，而表示与其真意不同之意思的意思表示。[①] 真意保留是一种自知并非真意的意思表示。[②] 我国《民法典》中未规定有真意保留的相关条款，但大陆法系各国民法均对真意保留作出规定。《德国民法典》第116条规定："表意人内心对于表示事项保留有不愿的意思者，其意思表示并不因之无效。但表意人对相对人为意思表示时，相对人知其有保留者，其意思表示无效。"《日本民法典》第93条规定："意思表示，不因表意人明知其处于非真意所为而妨碍其效力。但相对人明知或可知表意人的真意时，其意思表示无效。"我国台湾地区"民法典"第86条亦规定："表意人无欲为其意思表示所拘束之意，而为意思表示者，其意思表示不因之无效。但

[①] 梁慧星：《民法总论》，法律出版社2001年版，第194页。
[②] 马俊驹、余延满：《民法原论》，法律出版社1998年版，第258页。

其情形为相对人所明知者，不在此限。"可见，大陆法系国家及地区民法上大多规定真意保留的意思表示原则上有效成立；作为例外，当相对人知道或者应当知道表意人的真意时，该意思表示归无效。

例如，A 商店为了向 X 公司支付买卖价金欲签发本票之际，为了得到 B 银行的背书，以其店员 Y 为形式上的收款人，再让店员 Y 进行第一个背书后交付于 B 银行，由 B 银行进行第二个背书，再将票据交付于 X 公司。事后 X 公司向 Y 请求支付票据金额。[①] 在这一事例中，店员 Y 进行票据背书当时并没有负担债务的意思，也就没有转移对自己的票据债权的意思，其所为票据行为是真意保留的意思表示。如果采取票据行为一元论且肯定适用民法规定的理论观点，票据持票人在受让票据当时不知道行为人的真意且对该不知无过失，那么根据上述民法关于真意保留的规定，行为人所为真意保留意思表示仍有效成立；而在票据持票人受让票据当时明知或者可得而知行为人的真意时，适用例外规定而该真意保留的意思表示即归无效，不成立票据债务。然而，票据上的意思表示常因背书的存在而在票据行为人与第三受让人之间发生票据法律关系，那么即使在最初的当事人之间不成立票据关系，仍可通过票据的流通而使行为人与第三人成立有效的票据合意。[②] 因此，如果适用民法规定而在相对人明知或者可得而知真意保留事由时，认定该真意保留的意思表示无效，则会导致票据行为人所为的票据上意思表示忽而无效，忽而有效；票据债务亦有时成立，亦有时不成立，于理不合。况且，表意人既然在票据上进行了表示，有意发生某种法律后果，那么就不得以未表达出来的票据外事实，影响其票据上意思表示效力的发生，这不符合票据行为的无因性和文义性原理。根据票据行为的无因性，票据外原因关系事实不影响票据行

---

① 参见［日］长谷川雄一《手形抗弁の研究》，成文堂 1990 年版，第 380 页。
② 参见赵新华主编《票据法问题研究》，法律出版社 2002 年版，第 162 页。

为的效力；根据票据行为的文义性，票据上意思表示内容以票据上的记载为准加以确定，不得以票据外事实对票据记载内容作相反解释。换言之，基于票据的流通证券属性，票据上意思表示的外观表示——票据记载具有尤其重要的法律意义。与民法上意思表示采取"意思主义"原则不同，票据上意思表示采取"表示主义"原则，以表示出来的意思为准确定票据债务的内容，因此，在票据上意思表示的债务负担方面，即债务负担意思表示上不能适用民法关于真意保留的例外规定而认定其无效。但在票据上意思表示的权利移转方面，即权利移转意思表示的场合对知情的交付相对人可以适用有关真意保留的例外规定而否认其取得票据权利，可以主张无权利抗辩。实际上，真意保留的场合，表意人意思表示的决策并无瑕疵，表示行为本身同样也没有瑕疵；表意人表示的、正是他欲表示的内容，表示并不因表意人不想使表示产生法律后果而成为有瑕疵。①

综上，根据二阶段说，票据上的债务负担意思表示是无须受领的单方意思表示，不存在特定相对人，因此，无适用民法关于真意保留之例外规定的余地；即使票据签章人没有负担票据债务的意思，只要认识到或者应当认识到是票据而在该票据上签章，不论相对人是否已知表意人的真意，票据债务均有效成立，签章人无法免除票据债务。至于既已成立的票据权利归属于何人，则以票据签章人所为的权利移转意思表示的效力来判断。而票据上的权利移转意思表示是需受领的对特定相对人的意思表示，可以直接适用民法的规定。在前述事例中，虽然Y所为真意保留的背书行为，但既然认识到是票据而为签章，Y的票据债务既已有效成立；而X公司的代理人C在受让票据当时若不知道Y的真意且对该不知无过失，那么根据民法关于真意保留的有关规定，X

---

① 参见［德］卡尔·拉伦茨《德国民法通论》（下册），王晓晔等译，法律出版社2003年版，第494页。

公司取得对 Y 的票据债权，Y 应当向 X 公司支付票据金额。

（二）虚假表示

所谓虚假表示（通谋虚伪表示），是指表意人与相对人通谋而为虚假的意思表示。① 我国《民法典》第 146 条规定："行为人与相对人以虚假的意思表示实施的民事法律行为无效。"《德国民法典》第 117 条第 1 款规定："表意人与相对人通谋而为虚伪的意思表示者，其意思表示无效。"《日本民法典》第 94 条规定："与相对人通谋而为的虚伪意思表示，无效；前项规定的意思表示无效，不得对抗善意第三人。"我国台湾地区"民法典"第 87 条规定："表意人与相对人通谋而为虚伪意思表示者，其意思表示无效。但不得以其无效，对抗善意第三人。虚伪意思表示，隐蔽他项法律行为者，适用关于该项法律行为之规定。"可见，按照大陆法系国家及地区的民法规定，虚假的意思表示无效，但该无效不得对抗善意第三人。

票据上通谋而为虚假意思表示的典型是"伪装票据"事例。所谓"伪装票据"，是指出票人不以支付价款或者流通为目的，主要是为了使票据受让人对外提高信用、伪装资力，从而在约定不转让于他人的情况下所签发的票据。在签发"伪装票据"的场合，出票人并没有成立真正票据关系的意思，且亦未预料到票据能进入流通领域，一般是缺乏资力的人为了一时伪装有足够的资力，而从有信用的人处得到票据，该票据或者以该受让人为收款人，或者为收款人记载空白的票据。例如，乙为了隐瞒公司亏损的事实、隐瞒财产真实状况，请求甲向其签发一张本票，并约定不转让于他人而事后如期返还票据，但最后乙却将该票据背书转让给乙。如果采取票据行为一元论且适用民法规定的学说观点，该通谋而为的票据行为当然归于无效，即甲的出票行为无效，不产生票据债务，票据上也就不存在对甲的票据债权。

---

① 苏号朋：《民法总论》，法律出版社 2006 年版，第 277 页。

但是，如果第三受让人丙为善意且无重大过失，则不得以该隐藏事由对抗善意第三人，那么又须承认丙得向甲行使票据债权。

在票据法上，票据签章人与相对人所为虚假的意思表示不应导致票据行为无效。首先需要明确票据行为中是否可能存在恶意串通的情况。根据我国票据法学界的通说，票据行为属于单方行为，行为人仅依自己的意思而为票据行为，无须相对人的辅助，故不存在通谋的可能。[1] 在二阶段说之下，债务负担意思表示具有单方性，无特定相对人，仅依行为人一方的意思表示而成立，因此，签章行为的效力不受通谋虚伪表示的影响，不适用《民法典》中关于虚假意思表示的规定；又可以说，通谋行为属于原因关系上事实，而债务负担意思表示具有无因性，其效力不受原因关系瑕疵的影响，只要行为人认识到或者应当认识到是票据而在该票据上签章，负担票据债务的意思表示即有效成立，产生票据债权和债务。另一方面，票据上的权利移转意思表示是对特定相对人的意思表示，因此，在存在直接相对人之间通谋而为票据交付的场合，权利移转意思表示具有有因性，亦即即使是原因关系瑕疵影响其意思表示的效力发生，那么，根据《民法典》146条的规定，签章人与相对人通谋而为的交付行为归于无效，相对人不能取得票据权利，而从该无权利人处取得票据的第三受让人，如为善意且无重大过失，可以依善意取得制度而享有票据权利。

（三）错误

表意人为意思表示时，其内心的真实意思与外部的表示不一致，而该不一致的情形为表意人所不知，即为错误的意思表示。关于错误的种类，根据大陆法系国家或地区的民法规定，主要有：表示行为本身的错误、表示内容的错误、动机的错误及传达错误。[2]《德国民法

---

[1] 参见赵新华主编《票据法问题研究》，法律出版社2002年版，第163页。
[2] 参见刘得宽《民法总则》，中国政法大学出版社2006年版，第223—227页。

典》第119条第1款规定:"表意人所为意思表示的内容有错误时,或表意人根本无意为此种内容的意思表示者,如可以认为表意人若知其情事并合理地考虑其情况即不为此项意思表示时,表意人得撤销其意思表示。"《日本民法典》第95条规定:"意思表示,于法律行为的要素有错误时,为无效。但表意人有重大过失时,表意人自己不得主张其无效。"我国台湾地区"民法典"第88条规定:"意思表示之内容有错误,或表意人若知其事情即不为意思表示者,表意人得将其意思表示撤销之。但以其错误或不知事情,非由表意人自己之过失者为限。"我国《民法典》并未直接规定错误的意思表示,而在第147条规定了"重大误解":"基于重大误解实施的民事法律行为,行为人有权请求人民法院或者仲裁机构予以撤销。"

1. 票据行为要素的错误与票据上表示内容的错误

广义上,票据行为的错误有票据行为要素的错误和票据上表示内容的错误。如不存在债务而误以为存在债务而签发票据,即属于票据行为要素发生错误的情形;而票据金额的记载发生错误,则属于票据上表示内容的错误。

(1) 票据行为要素的错误

例如,甲受乙的委托在交易所进行买卖,而误认为乙存在债务而签发了票据,此为票据行为要素存在错误的情形。票据行为要素的错误不同于意思的欠缺。在意思欠缺的场合,假如视力不佳不戴眼镜则无法准确判断为票据证券的人,没戴眼镜而将票据误认为是其他书证而进行了签章,此时,签章人完全没有在票据上进行意思表示的意思,即没有意识到其所为的表示会引起票据法上的效果,因此应认定票据上意思表示未曾存在,也就没有适用民法上意思表示错误规定的余地。而在票据行为要素发生错误的场合,行为人意识到自己所进行的是票据行为,知道或期待发生票据法上的效果,因此构成票据上意思表示。换言之,意思的欠缺是意思表示成立与否的问题,而票据行为要素的错误是既已成立的意思表示是否存在瑕疵、是否有效的问题。有学者认为："法律行为的要素存在错误而意思表示归于无效的根据是，要素决定某法律行为的个性，要素存在错误时，对该法律行为的意思已经不存在，因此，要素存在错误的场合，即不存在意思表示。"然而，既然表意人的意思不存在，那么该表意人的票据行为亦不存在，票据签章人亦不能与票据的第三受让人发生票据法律关系，从而对善意第三人亦不负担票据债务，这显然违背致力于保护善意持票人的票据法立法宗旨。鉴于此，票据行为要素的错误不属于意思欠缺的情形，不能认定为意思表示不存在。

在上一个事例中，甲认识到是票据，并期望发生票据法效果而实施了票据行为，因此在票据金额的记载无误的情况下，应认为甲所为的票据行为本身不存在错误，而错误认识是发生在原因关系上，即票据行为要素的错误应是动机的错误。根据二阶段说，债务负担意思表示具有无因性，不受原因行为效力的影响；只要行为人认识到或者应当认识到是票据而为签章，债务负担意思表示即有效成立，产生票据债务；而权利移转意思表示具有有因性，原因行为上存在错误，会导致权利移转意思表示无效或者经撤销而归于无效，进而其交付相对人不能有效取得票据权利，但票据的第三受让人如符合善意取得的适用条件仍能取得票据权利。

此外，如张某受人委托作保证人，逢事外出就将此事托家人代办。张某只想在借据上签章以作一般的民事保证，但其家人却在票据上进行了保证行为签章。在这种场合，有学者可能认为，因名义人本人未认识到是票据，没有在票据上进行签章的意思，属于欠缺表示意思的情形，因此无须考虑是否适用民法关于意思表示错误的规定，票据上意思表示自始不存在。然而，被赋予签章代行权限的家人，认识到是票据并以在票据上签章的意思为本人在票据上进行了保证的表示，那么，既然本人以签章的意思为基础赋予他人代行权限，而他人以此为根据进行了票据签章代行，那么应承认所为票据上意思表示以本人所为的意思表示而成立，并作为票据行为要素的错误情形进行规范。

另外，因误认交易方而错误地将票据交付于他人时，这种"对交易相对人的错误"，根据我国《民法典》第147条的规定可以撤销，从而该交付行为即权利移转意思表示经撤销而归于无效，行为人可以请求相对人返还票据。又例如，应交付禁止背书票据而错误地交付没有禁止文句记载的票据时，这种"对标的物性状、品质的认识错误"，根据民法的规定，亦为可撤销的意思表示，行为人可以请求相对人返还票据。

综上所述，交付行为（权利移转意思表示）因错误而归于无效的场合，不发生权利转让的效力，票据权利不转移至相对人。但是，如果行为人就该错误存在重大过失，则不能主张其所为意思表示无效；行为人就交付行为的要素认识错误存在重大过失，亦不得主张权利移转意思表示无效而请求收回票据。也就是说，因自身存在重大过失而错误进行票据交付之表意人的可归责性，不允许对相对人主张交付行为无效而请求返还票据。而从相对人处取得票据的善意受让人，其取得票据权利，并非依表意人的可归责性事由，而是根据为保护票据流通而设置的善意取得制度。

2. 票据上表示内容的错误

票据上表示内容的错误，如票据金额记载错误、日期记载错误等，大多基于重大过失而发生，且票据金额、日期等记载都属于票据要件，并非是原因关系上的事由。票据上的债务负担意思表示具有要式性、文义性特征，不允许以证券上未记载的事项为依据对债务负担意思表示作出解释，并且债务负担意思表示又具有无因性，其意思表示内容仅依票据上的记载文义构成，原因关系事实不构成债务负担意思表示的内容。因此，在票据债务负担意思表示上不存在表示内容错误情形，即使票据上记载与真实情况不符，负担票据债务的意思表示即依票据上的记载而发生效力，票据行为人仍应负担票据债务。

根据二阶段说，票据上意思表示的错误可分为票据签章行为的错误和交付行为的错误。如果签章行为不存在错误，而交付行为上存在错误，那么，错误导致的无效仅停留在该交付行为上，行为人可以否认交付行为的相对人取得权利，而对善意受让人仍不能免除票据债务。只要善意受让人符合善意取得的构成要件而取得票据且票据签章行为有效，即可取得票据权利。根据二阶段说，对于债务负担意思表示上（作成行为）排除适用民法规定，因此，在债务负担意思表示上存在错误的场合，只要行为人认识到或者应当认识到是票据而为签章债务负担意思表示即有效成立，即使主张没有负担票据债务的具体意思，仍不能免除票据债务。对于权利移转意思表示（交付行为），由于交付行为是对特定当事人的意思表示，与民法上的一般意思表示基本性质相同，因此可以且应当直接适用民法的相关规定，在无重大过失而发生错误的场合，交付行为经行为人撤销而归于无效，相对人不得享有票据权利，交付行为人可以以无权利的抗辩相对抗；而从无权利人处取得票据的第三受让人如为善意且无重大过失则根据善意取得规定有效取得票据权利。

概言之，如果签章行为上存在错误，而交付行为不存在错误时，可视为后一交付行为是对前一错误签章行为的追认，票据行为发生完整的效力；如果签章行为不存在错误，而交付行为上存在错误时，交付行为经行为人撤销而归于无效，交付相对人不享有票据权利，第三受让人如符合善意取得的成立要件则有效取得票据权利；在签章行为和交付行为上同时存在错误时，签章行为不受意思表示错误的影响，仍有效成立，而交付行为则经行为人撤销而归于无效，相对人不享有票据权利，善意受让人受到善意取得制度的特别保护。

三　意思表示的不自由

意思表示不自由是在意思表示的前一阶段，即意思形成阶段发生意思表示的瑕疵，主要有受欺诈的意思表示和受胁迫的意思表示。①我国《票据法》第 12 条规定："以欺诈、偷盗或者胁迫等手段取得票据的，或者明知有前列情形，出于恶意取得票据的，不得享有票据权利。"可见，现行票据立法上对于受到欺诈或胁迫而为票据行为的情形，作为权利移转方面进行规范，在其法律后果上否认票据受让人票据权利的取得，至于票据行为人受欺诈或者胁迫所为意思表示的效力则未明确作出规定，因此，票据行为人是否负担票据债务亦不明确。而我国《民法典》第 148 条规定："一方以欺诈手段，使对方在违背真实意思的情况下实施的民事法律行为，受欺诈方有权请求人民法院或者仲裁机构予以撤销。"不同于我国《票据法》对受欺诈、受胁迫而为票据上意思表示效力的明文规定，大多数大陆法系国家和地区的票据法均无类似规定，这就产生受欺诈或受胁迫而为票据上意思表示的场合能否适用民法一般规定或者应以何者为法律依据的问题。根据《德国民法典》第 123 条、《日本民法典》第 96 条、我国台湾地区"民法典"第 92 条的规定，受欺诈、受胁迫而为的意思表示可以撤销；如果欺诈是由第三人所为，以相对人明知欺诈的事实或可得而知为限，得以主张撤销；但其撤销不得对抗善意第三人。

（一）受欺诈而为的意思表示

甲请求乙借给其一张票据，用于伪装其资产实力（所谓的"伪装票据"），言明一周即可返还。乙遂签发一张本票给甲，但其后甲却并未返还票据，而将该票据背书转让给了丙，丙不知甲诈取票据的事实，而向乙请求支付票据金额。在此种场合，乙所为的出票行为即因受甲的欺骗而实施。

"伪装票据"也有虚伪表示的事例，所不同之处在于：虚伪表示的场合，相对人亦欲把票据作为"伪装票据"而使用；而受欺诈的

---

① 参见龙卫球《民法总论》，中国法制出版社 2002 年版，第 484 页。

场合，相对人全然没有将票据作为"伪装票据"使用的意思，而仅将其为借口，实际上自始就以骗取票据为真实目的。另外，表意人因他人的欺骗行为而陷入错误，并依该错误认识实施了票据行为，但须注意的是，欺诈致表意人陷入错误与表意人自己发生错误的场合不同。一般来说，欺诈是在表意人的动机上加之不当干涉，使其形成错误的意思。即从表意人的角度看，受欺诈而为意思表示的场合总是伴有动机的错误，而表意人的动机错误是基于他人的不当干涉（欺骗）而发生的，这就构成欺诈而为意思表示的情形。

在上述事例中，根据我国《票据法》第12条规定，甲作为实施诈取行为的票据受让人不得享有票据权利，是为无权利人，出票人乙不负有向甲承担票据债务的义务。但是，从甲处受让票据的善意持票人丙，是否能够取得票据权利，无法从现行票据立法规定中得到解答。采取票据行为一元论且主张适用民法意思表示一般规定的学说观点上，受欺诈而为的意思表示可以撤销，但如果该意思表示经撤销而归于无效，那么该撤销作为意思表示的效力发生不符合表意人完整意思的瑕疵问题，将导致票据上意思表示自始无效，出票人的票据债务自始不成立，这显然不利于保护善意受让人丙。而如果适用权利外观法理，如前所述，在没有明确法律规定的情况下，必然存在适用范围不明确、归责认定标准不统一等缺陷。

在二阶段说之下，票据上的意思表示阶段性划分为债务负担意思表示和权利移转意思表示，就需要分两个意思表示进行效力判断。在受欺诈而为票据作成行为的场合，虽说受他人不当的干涉，但既然误认存在于当事人的主观认识上，形成对动机的错误，那么受欺诈的事实无法体现在票据上，是属于影响意思表示形成过程的外在要因，因此，仅以票据记载文义为内容的债务负担意思表示（票据作成行为）

的效力不应受其制约，不适用民法关于受欺诈意思表示得撤销的规定。①但是，受欺诈而为票据交付行为的场合，可以直接适用民法规定，行为人可以撤销其所为权利移转意思表示（交付行为），从而否定交付相对人票据权利的取得，这亦与《票据法》第12条的规定相吻合。如果该交付行为是受到来自第三人的欺骗，以相对人明知其事实或应当知其事实为限，可主张撤销，因此，当交付相对人为善意时，不得以受欺诈为由撤销权利移转意思表示。另外，即使交付相对人为恶意，流通中取得票据的善意受让人均依善意取得制度而取得票据权利。

（二）受胁迫而为的意思表示

《德国民法典》第123条、《日本民法典》第96条、我国台湾地区"民法典"第92条中与受欺诈而为的意思表示在同款规定了受胁迫而为的意思表示，其法律效力大体相同。

例如，出票人甲受乙的胁迫，以乙为收款人签发了金额为20万元的本票，乙将该本票背书转让于丙，丙于到期日遂向出票人甲请求支付票据金额而遭拒绝。甲主张，因其受胁迫而签发票据，已作出撤销的意思表示，故该票据归于无效，其亦无须负担票据债务。在二阶段说之下，受胁迫而为的票据上意思表示分二阶段两个行为分别进行效力判断。在受胁迫而为签章行为，而后胁迫事由消除仍为交付行为的场合，可视为后一交付行为是对先前签章行为的"追认"，债务负担意思表示有效成立，票据签章人按照票据所载文义负担票据债务；如果进行签章行为时无胁迫情形而在交付行为之时受胁迫而为，那么，该交付行为上意思表示的瑕疵事由只能向交付直接相对人主张，当交付行为经撤销而归于无效，相对人成为无权利人，而善意受让人可以依善意取得制度享有票据权利，可以向票据上的签章人请求支付

---

① 参见［日］长谷川雄一《手形抗弁の研究》，成文堂1990年版，第430页。

票据金额。如果签章行为和交付行为都存在受胁迫的情形，如同仅交付行为上存在受胁迫的场合一样，签章行为的效力不受意思表示瑕疵的影响，如在前一事例中，甲的票据债务有效成立，而乙作为实施胁迫之人不得享有票据权利，为无权利人，但是从乙处背书受让票据的丙，若符合善意取得制度的构成要件即取得对甲的票据债权，是正当票据权利人，甲应当向丙负担票据债务。

须注意的是，以上受胁迫而为票据签章的场合，不同于用手枪逼迫其完成票据并进行签章的场合。虽然在这两种情况下，受胁迫的签章人均认识到是票据而在该票据上而进行了签章，但是，二者具有程度上的明显差别，而认定具有完全相同的法律效果，显然不当。被手枪指着完成的签章行为，虽然从物理性上确由被胁迫签章人亲手所为签章，但实际上，不过是代替以手枪实施胁迫之人的手足而已，应作为实施胁迫行为之人的签章处理，由此实施胁迫人承担票据责任，而不应该由被胁迫签章人承担，这与自觉行动的自由被剥夺、以外力强制其签章的场合，可作同一理解。①

---

① 参见〔日〕前田庸《手形法·小切手法》，有斐阁1999年版，第129—130页。

第四章　票据上意思表示解释论

语言作为意思表示的基本工具，往往充满歧义，表意人表达的意义与受领人理解的意义往往会发生差异，因此有必要对意思表示进行解释，以阐明并确定意思表示的含义。对意思表示进行解释的前提是意思表示的存在，即表意人的表达构成意思表示，如果意思表示根本不存在，则无解释之必要；[①] 而既已成立的意思表示的内容如何确定，即属于意思表示解释的问题。关于意思表示的解释规则，大多数大陆法系国家及地区的民法规定，意思表示解释的目的是探求当事人的真意。我国《民法典》第142条亦规定："有相对人的意思表示的解释，应当按照所使用的词句，结合相关条款、行为的性质和目的、习惯以及诚信原则，确定意思表示的含义；无相对人的意思表示的解释，不能完全拘泥于所使用的词句，而应当结合相关条款、行为的性质和目的、习惯以及诚信原则，确定行为人的真实意思。"可见，我国《民法典》对意思表示的解释采用的是基于意思主义的"探究当事人真意原则"。而我国《票据法》对票据上意思表示的解释又未作特别规定，基于特别法与一般法的适用规定，在没有特别法规定时，适用一般法的规定，那么票据上意思表示的解释适用民法一般意思表示的解释规则。然而，票据上意思表示由于票据这一载体的介入，具

---

① 参见苏号朋《民法总论》，法律出版社2006年版，第287页。

有不同于民法一般意思表示的特征，因此，民法上的意思表示解释规则能否直接适用于票据行为上，不无疑问。鉴于此，对票据上意思表示进行解释时，应以何种理论为基础，具体采用哪些解释方法和解释规则，有必要进行深入探讨。

第一节　票据上意思表示解释的传统认识及其反思

一　票据上意思表示解释对象的传统认识及其反思

"进行意思表示解释首先须明确对何者进行解释的问题，这就是意思表示解释的对象。"[①] 而"解释的对象只能是表示"[②]，并非深藏于内心的意思，"此种意思是无法解释的，因为内在的意思无法作为法律认识的对象"[③]。因此，意思表示的解释对象只能是内心意思向外部的"表示"。然而，"表现意思表示之表示上效力意思之事实（解释资料），为构成表示内容的一切事实"[④]。因为，表示行为上的语言、文字，有时须以其周围情事为背景，才能确定其意义。"然可构成表示内容之各种事实，就其决定表示行为之意义，应以如何程度加以考虑，则依意思表示之种类而有不同。"[⑤] 鉴于此，确定票据上意思表示的解释对象须明确可构成意思表示内容的事实范围。如果票据上意思表示的内容仅以票据上的记载文义构成，那么只能以该记载文义为解释对象；而如果票据上意思表示如同民法上一般意思表示一样当事人之间的具体情况亦构成其意思表示的内容，那么也需要将此

[①] 董安生：《民事法律行为》，中国人民大学出版社2002年版，第178页。
[②] ［德］卡尔·拉伦茨：《德国民法通论》（下册），王晓晔等译，法律出版社2003年版，第463页。
[③] 王利明：《民法总则研究》，中国人民大学出版社2003年版，第548页。
[④] 史尚宽：《民法总论》，中国政法大学出版社2000年版，第461页。
[⑤] 史尚宽：《民法总论》，中国政法大学出版社2000年版，第461页。

等情况一并作为解释对象。①

（一）票据上意思表示解释对象的传统认识

根据传统票据行为一元论的观点，票据行为具有无因性，经票据行为而创设独立于原因关系的票据债权债务关系，并将独立于原因债权而产生的无因权利表彰在票据上，因此只能认为票据债权和票据债务仅依票据上意思表示而成立，其效力发生无关原因关系事实，从而其意思表示的内容也只能依票据记载内容而定。综上，在票据行为一元论之下，票据上意思表示仅以票据上的记载文义为其解释对象。

然而，将票据上意思表示的解释对象定格在票据及票据上记载文义的观点，在创造说的立场上还有可能立住，但根据契约说的基本观点是不能成立。虽然票据的记载对于票据债务的成立而言属于其关键因素，但并非是唯一考量因素，因此，将记载文义作为票据上意思表示解释的唯一对象，显然不够充分。② 如前所述，根据契约说的主张，票据法律关系依票据债务人与票据债权人（票据授受的直接当事人）之间缔结交付契约所致，而票据本身即为契约，无须另外订立契约来证明其存在。根据强调这种"票据上的意思表示面向交付契约的直接相对人""票据债务依交付契约而成立"的见解，德国学者 Joost 认为，"应当进行解释的，并非是票据证券，而是交付契约整体"③。即根据契约说的基本观点票据上意思表示的解释对象应该是"交付契约"整体，并非是仅作为准备阶段之票据书面的作成及其记载内容；即使以交付契约整体为解释对象的结果，票据债务不成立或者不成立与票据记载相一致的票据债务，第三受让人亦可以根据权利外观理论

---

① 参见［日］永井和之《手形行为の无因性と文言性》，载河本一郎等编：《现代手形小切手法讲座》（第2卷），成文堂2000年版，第30页。

② 参见［日］福泷博之《手形行为についての覚书》，《关西大学法学论集》第49卷第2·3号，第138页。

③ 参见［日］福泷博之《手形行为の解释について——いわゆる手形客観解釈の原则》，《关西大学法学论集》第35卷第3·4·5号，第650页。

获得保护，没有必要顾虑票据流通性而将票据上意思表示的解释对象限定在票据证券上。① 根据 Joost 的主张，通说过于拘泥于"客观"的解释，而仅限于直接当事人之间或者存在票据受让人已知的情况作为其解释原则的例外，这是主客观颠倒的议论。总而言之，Joost 认为，票据债务的成立及其内容以"交付契约"整体为根据，其解释应遵从民法上意思表示解释的一般原则。

针对上述 Joost 的主张，德国学者 Pflug 持反对的态度，认为 Joost 的观点无视票据证券上的表示与票据交付契约的区别，强调无论采取何种票据行为理论，"证券上的表示"和"证券的作成"均为重要的票据债务成立要素，并主张证券上的记载为解释对象的同时，承认在票据授受直接当事人之间——须依一般法律行为的解释原则进行解释的——"交付契约"的存在。② 概言之，Pflug 在一方面强调票据作成之重要性的同时，另一方面强调票据上意思表示亦面向第三人，即票据的作成具有与交付契约独立的法律意义，是不同于契约责任的外观责任要素，强调其对第三人的独立的法律意义。综上，Pflug 认为着眼于"证券上的表示"，考虑到其独立性的解释才是最妥当的；依据表示外观的"典型意义"解释，从票据法整体上看，才是最值得支持的。③

（二）票据行为相对的无因性

上述对票据上意思表示解释对象的分歧，归根结底源于票据行为相对的无因性。所谓票据行为的无因性，并不是说票据行为之所以发生，其本身不存在原因事实，而是"基于社会经济生活对票据所提出

---

① 参见［日］福泷博之《手形行为についての觉书》，《关西大学法学论集》第49卷第2·3号，第138页。
② 参见［日］福泷博之《手形行为の解释について——いわゆる手形客观解释の原则》，《关西大学法学论集》第35卷第3·4·5号，第652页。
③ 参见［日］福泷博之《手形行为の解释について——いわゆる手形客観解释の原则》，《关西大学法学论集》第35卷第3·4·5号，第653页。

的要求，而由法律亦即票据法所特别赋予的，并非票据行为所固有的"①。事实上，票据的授受必有其原因，票据实际上是"原因关系的工具"，这决定票据行为的无因性不能是绝对的无因性，必有其适用界限。原因关系与票据关系的牵连性，主要体现在原因关系当事人与票据关系当事人相同时，即在直接当事人之间，仍可以以原因关系事由进行抗辩。② 换言之，即使在原因关系被抽象化程度极高的票据的场合，以赋予抗辩权的方式，将原因关系效力折射到票据法律关系上；既然如此，就票据上意思表示的解释而言，对"原因关系的考量"也是绝对必要的。鉴于此，不能一概而论票据上意思表示的解释仅以票据上的文义记载为其对象，至少在直接当事人之间原因关系上的情况亦构成意思表示的重要内容，不得不作为考量因素，也就必然涉及应如何予以解释的问题。

另外，票据行为无因性原理作用于立法上的表现即所谓抗辩切断制度。③ 因为，如果票据行为的效力受票据授受原因关系的影响，那么在原因关系不存在或者其效力被否定的场合，票据债务亦被否定，这显然不利于保护善意持票人、保障票据的流通及交易安全。鉴于此，各国票据立法上均规定了抗辩切断制度，基于原因关系事实产生的抗辩权仅限于直接相对人之间主张，不能延续至第三受让人。对此，我国《票据法》第 13 条第 1 款规定："票据债务人不得以自己与出票人或者持票人的前手之间的抗辩事由，对抗持票人。但是，持票人明知存在抗辩事由而取得票据的除外。"可见，抗辩切断一般发生在票据背书转让过程中，存在于票据行为人与依背书受让票据的持票人之间，在票据授受直接当事人之间及对恶意持票人亦承认原因关系上抗辩事由的存在，票据行为人可以向其直接相对人及恶意持票人主张原因关系抗

---

① 赵新华：《票据法论》，吉林大学出版社 2007 年版，第 43 页。
② 参见赵新华主编《票据法问题研究》，法律出版社 2002 年版，第 44 页。
③ 参见赵新华《票据法》，人民法院出版社 1999 年版，第 38 页。

辩。换言之，仅限于票据行为人与票据的第三受让人之间票据上意思表示完全独立于原因关系而发生效力，而在票据授受直接当事人之间以及票据行为人与恶意持票人之间，票据上意思表示的效力仍然受原因关系的影响，在其效力的判断上亦不得不考虑原因关系因素，那么在对其意思表示进行解释时亦应把原因关系事实作为考量因素。

二 票据上意思表示解释原则的传统认识及其反思

传统票据行为一元论将票据行为作为一个意思表示行为来理解，并根据票据行为的文义性特征，对其解释必然不同于以探求当事人真意为原则的民法上一般意思表示的解释。票据上意思表示的内容必须依票据所载文义确定，不允许以票据外的其他事实或证据探求行为人的真实意思，或者对票据所载文义进行补充或变更。按照这种严格的文义解释，票据上的文义记载不论是对意思表示直接相对人抑或第三人均作为同一的、特定的内容而加以确定，并要求一旦根据文义解释而固定记载内容，当事人不得以票据外事实证据加以补充或变更。然而，即便如此，票据法原理及票据立法上均肯定签章人对其直接相对人可以以（票据外）证据证明原因关系事实而得以对人抗辩相对抗；对于票据受让人，可以以（票据外）证据证明其存在恶意而以恶意抗辩相对抗。这意味着，严格的文义解释要求事实上又被缓和、修正。

（一）票据上意思表示解释原则的传统认识

票据行为一元论认为，票据是预设可流通的证券，因此"证券上表示"的内容，应以该表示的"典型意义"为准，客观地进行判断。[①] 从而，票据上意思表示的内容，即使票据书面的记载内容与票据外的实质关系不相符合，亦根据票据上的记载文义确定。因此，第

---

① 参见［日］福泷博之《手形行为の解釈について——いわゆる手形客観解釈の原則》，《关西大学法学论集》第35卷第3·4·5号，第649—650页。

三人可以完全信赖票面上的记载内容而安心受让票据,这有助于增进票据的流通性。票据上意思表示的解释,不能以票据上记载以外的事实去推定行为人的意思而对票据所载文义予以变更或补充,此项原则在学理上称之为"票据客观解释原则"。① 申言之,传统票据行为解释理论认为,票据上所载文句的含义,应根据票据本身的文义进行客观的判断,不得依票据外事实或证据,任意变更或补充,而这是票据行为文义性原则的必然要求。可见,根据票据行为一元论的观点,票据上意思表示的解释应遵从客观解释原则,即使票据记载的意思不明确而无法仅依记载确定其内容,亦不允许参照票据外事实对票据记载内容进行解释。然而,对此,也有很多学者提出了质疑,主要观点如下。

1. 铃木说

铃木说认为,对于票据上意思表示的解释,虽然不允许基于票面记载以外的事实来推测行为人的真实意思,对票据记载进行变更或补充,但在解释票据上的记载本身,则不应拘泥于所使用的文字,而应依"一般的社会通行观念"对记载内容的意思进行合理的判断;而该判断的基准须依一般的社会通行观念,仅适合于限定的社会、限定的地方的通行观念,当然不应适用于具有广泛、普遍流通性的票据上。② 另外,铃木说还指出,以上并不排斥在直接当事人之间的关系上综合考虑当事人之间存在的票据外特殊情事及限定的社会、地方的观念,并可以将依此作出的解释作为对人抗辩事由。③

2. 前田说

前田说认为,为了促进票据的流通,赋予票据以无因证券属性,

---

① 参见郑洋一《票据法之理论与实务》,三民书局2001年第22版,第52页。
② 参见[日]铃木竹雄《手形法・小切手法》,有斐阁1957年版,第120页。
③ 参见[日]铃木竹雄《手形法・小切手法》,前田庸修订,有斐阁1992年版,第121页。

使票据受让人无须调查作为其前提的前手之间实质关系，只需查看票据上记载内容是否符合法律的规定、票据上意思表示是否具备成立要件即可安心取得票据。因此，有必要承认票据的设权证券性和文义证券性：票据债权并非是原因债权本身，而是根据票据的作成而产生的独立于原因债权的新债权；票据债务的内容无法从原因关系等票据外实质情况加以判断，只能根据票据上的记载确定；承认票据的文义证券性，票据受让人仅依信赖票据记载而取得票据，即可避免受到不可预知的损害，达到保障票据交易安全的目的。① 但是，另一方面，前田说又认为："即使票据的文义证券性，在理论上可以从票据的无因证券性、书面性及设权证券性中推导出，亦不能将其彻底形式化而理解为绝对不允许承认票据上未记载内容的责任，这不仅违反其宗旨，更是违反票据法的明文规定。"② 对此，前田说进一步解释到：在不当补充的场合，票据法规定不得以该不当补充对抗无恶意或者重大过失而取得票据的持票人，而该规定是以空白票据的签章人承担合意当事人之间事先合意所确定的责任为前提，仅对善意持票人不得免除依票据文义记载的责任，但是，该事先合意的内容自始未曾记载于票据上，因而，根据上述规定，空白票据签章人实际上承担在票据上自始未记载内容的债务。③

另外，在存在票据变造的场合，根据我国《票据法》第14条第3款的规定，票据上存在变造记载事项的，在变造前签章的人，依原记载事项承担责任，但在票据上存在变造记载，意味着原记载文义已被涂销，不再是票据上的记载，因此，承认变造前的签章人依原记载事项承担责任，只能认为该票据签章人意思表示的内容，未依票据文

---

① ［日］前田庸：《手形の文言证券性》，载竹内昭夫编著《特别讲义商法Ⅱ》，有斐阁1985年版，第87页。

② ［日］前田庸：《手形の文言证券性》，载竹内昭夫编著《特别讲义商法Ⅱ》，有斐阁1985年版，第87页。

③ 参见［日］前田庸《手形法·小切手法》，有斐阁1999年版，第81页。

义记载确定，而是首先根据票据外事实及证据来确定变造事实以及变造之前记载内容原貌，之后再认定所应负担的票据债务内容。

(二) 票据行为相对的文义性

赋予票据以文义证券性，其目的在于保障证券第三受让人的文义性权利，以促进证券的流通，实现对交易安全的维护。① 因此，在未涉及第三受让人利益的场合，如因票据未投入流通而票据关系尚停留在直接受让人之间时，文义证券性不仅无发挥的余地，而且为公平起见应受到限制。在我国票据立法上，票据文义性的法律依据主要在《票据法》对抗辩切断制度的规定。《票据法》第13条第1款关于对人抗辩切断的规定中所确认的亦可以理解为是对证券上未记载事项的抗辩限制，② 即"票据债务人对于善意取得人，不得以票据上未记载之事项对抗而言"③；且"此项文义性，仅于票据债务人与善意取得人之间存在，而对于直接相对人及恶意取得人并无适用之余地"④。换言之，该规定是以在直接当事人之间得主张票据未记载事项的抗辩为前提，并承认对恶意持票人票据未记载事项的抗辩为例外，这表明票据行为的文义性并不是绝对的，而是相对的，仅体现在直接当事人之间票据关系或者对与恶意持票人的票据关系认定上。在各国审判实践中，对票据上记载的解释作出"误记"的判断，实际上就是斟酌证券外的事实所作的"实质性解释"。事实上，正是因为存在参照票据外事实的可能性，才有需要进行"不得变更、补充票据记载文义"的限定。

通常，票据法理论上的票据外事实或证据，可分为两类：一类是一般的社会公众普遍所知的事实，即"一般的社会通行观念"；另一

---

① 参见 [日] 高洼利一《有価证券法研究》(上)，信山社1996年版，第83页。
② 参见 [日] 铃木竹雄《手形法·小切手法》，前田庸修订，有斐阁1992年版，第47页。
③ 郑洋一：《票据法之理论与实务》，三民书局2001年版，第51页。
④ 郑洋一：《票据法之理论与实务》，三民书局2001年版，第51页。

类是存在于票据交付直接当事人之间的实质情况，如原因关系上的事实、特定的地方习惯、所处的阶层及地位等。而在严格的文义解释理论下，亦不可避免地存在前一类票据外事实，即"一般的社会通行观念"的运用。因为，即使要求对票据上意思表示进行严格的文义解释，在具体解释票据书面上的文字意义时，也必然需要运用一般的社会通行观念对文字所表达含义作出合理的判定。因此，上述对票据行为相对文义性的论述，主要针对后一类票据外事实，即对票据上意思表示的内容进行解释时是否应参照直接当事人之间实质情况的问题。

总而言之，票据行为具有相对的文义性，在票据外观形式性记载的背后亦存在实质的社会事实，因此，不能完全无视这些事实的存在；即使进行文义解释亦需要参照票据外事实是当然之事。[①] 但是，对于票据外事实或证据的参照范围应如何确定以平衡票据行为人与善意持票人的利益，以传统票据行为一元论是无法得到合理的解答。

第二节　票据上意思表示解释理论的重构

在二阶段说之下，票据行为人意欲与他人发生票据关系须作出两项意思表示，即债务负担意思表示和权利移转意思表示，而此两项意思表示不仅具有不同的性质，而且各自又独立地发生法律效力。因此，以二阶段说为理论基础的票据上意思表示的解释，也须区分两项意思表示分别进行探讨。通过对票据上债务负担意思表示的解释所要确定的是特定的票据签章人负担票据债务的意思内容；而票据上权利移转意思表示的解释所要确定的是特定的票据权利人受领的意思内容。

一　票据上债务负担意思表示的解释

票据上债务负担意思表示是在票据这一有价证券上所为的意思表

---

① 参见［日］高洼利一《有价证券法研究》（上），信山社1996年版，第57页。

示,因此,具有不同于民法一般意思表示的特性,不能直接适用民法上意思表示解释的一般理论,需要建立独立的票据上意思表示解释理论构造。

(一)债务负担意思表示的解释对象

意思表示解释的对象是表示行为,而票据上债务负担意思表示是在票据书面上进行,其表示行为要素包括票据记载和票据签章,并表示行为方式也被严格法定化。在对意思表示进行解释时,如果其表示行为须采用法律明确规定的固定形式的,且规定此法定形式的目的"至少同时也是为了保护第三人的利益,或者是为了维护公众对公示性的利益,那么,根本性的规定,即对某类行为来说是典型的规定,必须从文件本身中看出,而无须借助于其他的、并不是普遍为人们所知的情形"。① 因此,票据上债务负担意思表示的解释对象只能是票据书面上进行并显示的"票据记载文义"。

关于构成表示内容的事实范围,在二阶段说之下债务负担意思表示具有无因性,因此,不应包括票据外原因关系上的事实情况。根据债务负担意思表示的无因性,票据行为人作成票据而创设独立于原因债权的票据债权,换言之,票据债权是依票据行为人在票据书面上所进行的意思表示而成立,因此,其意思表示的内容仅以票据上的记载文义构成,对此意思表示的解释也只能以票据书面记载为其解释对象。另外,为了保障票据的流通性和交易安全,也应将票据上债务负担意思表示的解释对象限定在票据书面记载上。因为,票据外事实无法为流通中取得票据的第三受让人所知,直接相对人之外的其他票据受让人只能根据票据上的记载文义判断票据行为人意思表示的内容。

前文所述,债务负担意思表示的内容仅以票据记载事项构成,进

---

① 参见[德]卡尔·拉伦茨《德国民法通论》(下册),王晓晔等译,法律出版社2003年版,第466页。

而债务负担意思表示的解释对象也只能是票据所载文义；如果债务负担意思表示不仅仅以票据记载文义构成，而与民法一般意思表示相同当事人之间的特殊情事也构成其内容，那么，不得不将这些事实情况一并作为解释对象。① 但是，这显然违背促进票据流通性的票据法立法宗旨。另外，基于票据作成行为（债务负担意思表示）的书面性和要式性特征，作为其理论上的当然归结，构成债务负担意思表示的也只能是票据上的记载文义：一方面，认为票据作成行为是书面行为和要式行为，另一方面又认为未记载于票据上的票据外事实亦构成债务负担意思表示内容，显然自相矛盾。综上，债务负担意思表示的内容仅以票据记载文义构成，进而在对债务负担意思表示进行解释时，应仅以票据上所显示的记载文义内容为其解释对象。②

（二）债务负担意思表示的解释原则

我国《票据法》第4条第1款和第4条第3款③规定了票据法上的文义责任，即票据行为人根据票据上所记载的事项承担票据责任。债务负担意思表示的文义性并非是善意者保护制度，并不受持票人善意抑或恶意的左右，其所表明的是票据上意思表示的"表示行为"具有的特殊意义。这种文义性是以预设证券的流通性为前提，并以促进流通、维护交易安全为宗旨，在这个意义上，将票据的作成行为理解为对不特定多数人的一方表示行为的观点亦可不言自明。④ 各国票据法对于票据上意思表示的解释应以何种原则或观念为指导并未作明文规定，但学理上通常认为，基于票据的文义证券性特征，票据上意

---

① 参见［日］永井和之《手形行为の无因性と文言性》，载河本一郎等编著《现代手形小切手法讲座》（第2卷），成文堂2000年版，第30页。

② 参见［日］永井和之《手形行为の无因性と文言性》，载河本一郎等编著《现代手形小切手法讲座》（第2卷），成文堂2000年版，第30页。

③ 我国《票据法》第4条第1款规定："票据出票人制作票据，应当按照法定条件在票据上签章，并按照所记载的事项承担票据责任"；第4条第3款规定："其他票据债务人在票据上签章的，按照票据所记载的事项承担票据责任。"

④ 参见［日］高洼利一《有价证券法研究》（上），信山社1996年版，第83页。

思表示的解释应遵循票据外观解释原则、票据客观解释原则、票据有效解释原则等基本原则。[1] 而在二阶段说之下，此三项解释原则仅能适用于解释票据上债务负担意思表示的场合。

1. 票据外观解释原则

从理论上看，票据上的债务负担意思表示是以书面方式实施，因此，可以认为票据行为人是为了引起基于票面记载文句的票据法效果而实施票据行为，从而票据书面上的记载亦即为票据行为人意思表示的内容。票据上的记载文义所具有的上述性质，决定其并非是对既存事实的记录，即使票据上记载的事项与真实情况不符，意思表示亦根据票据记载内容当然地发生效力。因此，可以说，票据记载具有一种"创造"的作用。例如，票据上的出票日及出票地的记载并非是对实际上制作票据的日期和地点的记录，而是表明票据行为人作成了以该日期为出票日及以该地点为出票地的票据。所以，即使与实际情况不符，出票行为不仅仍然有效，而且还根据票据上所记载的内容发生法律效力。只要票据在形式上具备法定的方式，即使其记载事项与真实情况不一致，亦不妨碍其效力发生，学理上将此项原则称之为"票据外观解释原则"[2]。

诚然，票据具有流通性，票据上的记载是否属实，非票据的第三受让人所能知悉，因此有必要采用纯粹的形式主义，这有利于保护善意第三人利益，保障票据的顺畅流通。而且这并非仅仅为了保障交易安全，同时亦可以从"票据上的记载构成债务负担意思表示的内容"这一基本认识中推导出。如果仅仅是为了交易安全而特别设置的规则，那么当相对人已知记载与真实情况不一致的事实时，应顺应实际情况而对记载内容进行变更解释，但是由于票据记载文义即为债务负

---

[1] 参见梁宇贤《票据法新论》，中国人民大学出版社2004年版，第34页。
[2] 参见汪世虎《票据法律制度比较研究》，法律出版社2003年版，第72页。

担意思表示的内容，所以无关相对人为善意抑或恶意的主观状态。另外，票据外观解释原则是据以判断票据是否具备法定要件而作为有价证券存在的解释原则，因此，不问是否为授受票据的直接当事人，亦不问票据受让人为善意抑或恶意，均可适用。

须指出的是，对意思表示的解释必然以存在有效的意思表示为前提，如果自始不存在意思表示行为，则无从谈起对其进行解释。因此，如果需要确认该意思表示于何时完成（如有无行为能力的认定等），应以实施意思表示行为的客观事实加以确定。具体而言，如果需要确定实施票据行为之时票据行为人有无票据行为能力，不能以票据上所记载的出票日期为准，而应以实际完成票据行为的日期而定。①

2. 票据客观解释原则

票据上意思表示的解释，不能以票据记载以外的事实或证据去推定行为人的意思，并对票据所载内容加以变更或补充，此项原则在学理上称之为"票据客观解释原则"。② 申言之，票据上记载内容的含义，应按照票据本身的文义加以客观的判断，不得依票据外的事实或证据任意变更或补充，而这也是票据文义证券性在解释理论中的体现。票据上债务负担意思表示是在票据书面上完成，所以其意思表示内容当然亦只能依书面记载进行判断，不得根据票面记载以外的事实或证据推测行为人的意思，而对记载内容进行变更或补充。综上，债务负担意思表示以证券上的记载事项为其意思表示内容，因此，证券书面上未记载的事项，即便是真实情况，亦不能作为票据上意思表示的内容，也就不能用于解释素材，而这显然不同于民法一般意思表示的解释理论。

民法上对意思表示的解释，以"探求行为人真实意思"为基本原

---

① 参见［日］铃木竹雄《手形法·小切手法》，前田庸修订，有斐阁1992年版，第119—120页。

② 参见郑洋一《票据法之理论与实务》，三民书局2001年版，第52页。

则，对于有助于确定当事人进行意思表示行为之时的内心真意，参照行为之前的状况和合同等书面文件记录之外的情况来综合判断，不拘泥于当事人所使用的词句。但是，票据上进行的意思表示，由于其能广泛流通于多数人之间，票据的第三受让人只能根据票面记载判断票据行为人债务负担意思表示的内容，因此，在当事人对票据记载文义发生理解上的分歧或认识不一致时，只能按照票据上记载的文义进行客观解释，并根据票据上所记载的文字所表达的内容和含义发生法律效力。即使该票据记载的文字所反映的内容与行为人的真实意志不符，或者与客观情形不一致，也应按该记载文字的含义确定票据债权、债务的内容。

根据客观解释原则，票据上债务负担意思表示的解释只能以证券上的记载文义为基础客观地进行判断，不能依证券外的事实或证据对票据记载文义进行变更解释或补充解释，但是，这并不是要求必须拘泥于表示出来的文义而绝对不能参照票据外因素。负担票据债务的表示必须以票据书面上的文字为载体向外表达，而票据行为人进行该文字记载也必然以某种"观念"支配下所为，因此，对这些文字所表达的含义，也需要以其周围情事为背景始能准确判断，这就决定不能完全排除对票据外事实的考虑。① 正是因为在票据客观解释原则下亦存在考量"票据外证据"的可能性，也就有必要强调"不得对票据记载文义进行变更或补充"。应该说，合理的范围内参照书面文件外事实是文义解释的必然要求。有学者认为，即使是一般社会通行观念，如果参照地方习惯及特定社会观念的话，则不利于不知此等习惯之他地方的人，有损害票据交易安全之虞，不能赞同。② 因此，对票据外事实或证据的采信，应以何种程度上在何种范围内加以考虑始为

---

① 参见史尚宽《民法总论》，中国政法大学出版社2000年版，第461页。
② 参见［日］莲井良宪、酒卷俊雄编《手形·小切手法》，青林书院1993年版，第55页。

合理，将在下文中进一步进行阐述。

3. 票据有效解释原则

"解释票据行为，应尽量使其有效，俾助长票据之流通与保护交易之安全，此为学者所公认之原则。"① 在二阶段说之下，如果认定票据的作成行为归于无效，票据就会导致无效而沦为单纯的纸张，那么，票据上所有的法律关系均归于无效，票据签章人不承担票据债务，票据持票人无论善意或恶意，均不享有票据权利，这无疑会增加受让票据的风险，票据关系人授受票据的成本会大幅提高，设置票据流通的障碍，最终导致社会视接受票据为畏途。因此，对于流通中的票据不能轻易给予否定的评价，认定其无效，此谓"票据有效解释原则"。依此原则，对票据上记载事项的文义解释不宜过分拘泥于形式而进行定型化解释，应适用一般交易社会上通行的观念、事实证据、诚实信用原则等，对票据记载文字进行合理的解释。② 如票据金额所书"壹"字，字迹潦草而易被误认为"台"字，但经票据上所记载的阿拉伯数字能证明实际上是"壹"字的情况下，不能草率认定该票据无效，票据签章人不得以其无效对抗持票人。③ 可见，根据票据有效解释原则亦不能完全排除票据外事实的运用。

对于流通中的票据，与其以微小形式上的瑕疵而认定其无效，不如在不损害形式性的前提下尽量作有效解释，此更符合诚实信用原则和对事实状态的尊重以及保护交易安全的要求，并且亦可以防止票据行为人将票据的要式性特征作为规避其票据债务的手段而使用。

（三）债务负担意思表示的解释基准

如前所述，对债务负担意思表示进行外观解释和客观解释亦不能完全排除票据外事实或证据的运用，但又基于票据的文义证券属性又

---

① 梁宇贤：《票据法新论》，中国人民大学出版社 2004 年版，第 34 页。
② 参见吴京辉《票据行为论》，中国财政经济出版社 2006 年版，第 154 页。
③ 参见邱天力《票据行为的解释》，《山东审判》1999 年第 5 期。

不能宽泛地加以参照，这就有必要探讨在何种程度上、以何种标准、在何种范围内考虑票据外事实的问题。在二阶段说之下，票据上债务负担意思表示是对不特定多数人的意思表示，无须考虑特定相对人的理解可能性，而应该"从普通的交易参与人或表示所涉及的阶层中的某个成员的理解可能性为准，因此，除表示文件本身以及表示中援引的、公众可查阅的文书外，只能将任何人或有关阶层的每一个成员都能认识到的情形，用作解释表示的手段"①。也就是说，对此类意思表示的解释应采用更为客观的标准，既不以票据行为人的内心意思为准，也不以某个特定受领人的理解可能性为准，而应以一般能够认知的情事或由表示行为本身可得而知的情形为准。鉴于此，不同于民法意思表示的解释将当事人的行为目的亦作为其解释基准的做法，债务负担意思表示解释的场合，因为涉及票据的第三受让人，排除第三人不知的当事人之间的具体情事，只能以客观的一般社会通行观念为解释基准。

（四）债务负担意思表示的解释方法

1. 文义解释

票据上的债务负担意思表示必须在票据书面上进行，以记载文义为其内容，因此，当然有文义解释方法的适用。须注意的是，对其文字用语只能以一个社会上一般公众通常所能理解的意思进行解释。

2. 目的解释

目的解释在民法意思表示解释理论中具有重要的意义，因此，在适用各标准的次序上，以最能体现具体事实性的当事人所欲达到的目的为第一次序。② 但是，目的解释中对"目的"的理解是"须其目

---

① ［德］卡尔·拉伦茨：《德国民法通论》（下册），王晓晔等译，法律出版社 2003 年版，第 470 页。

② 参见史尚宽《民法总论》，中国政法大学出版社 2000 年版，第 469 页。

为相对人所知或可期待其知之"①，而票据上债务负担意思表示的场合，其意思表示的内容仅以票据记载文义构成，当事人实施票据行为所要达到的背后目的在票面上很难得知，因此，无适用目的解释方法之余地。但是，也有一些学者认为，票据有效解释原则即根据目的解释方法而为。② 当事人作出意思表示通常是为了使交易成立，意思表示得以生效，因此，对意思表示进行无效解释，不符合当事人所为意思表示的目的。③ 但是，票据有效解释原则，一方面是为了防止票据沦为一张废纸，另一方面是为了防止票据行为人滥用票据的要式证券性，将其作为免除其票据债务的不当手段使用，那么，至少在后一种情况下适用票据有效解释原则不能认为是符合当事人目的的解释。债务负担意思表示涉及不特定的多数人，因此，在大多数情况下应排除以票据行为人行为目的为依归是当然之举，这亦符合票据的无因证券性。

3. 习惯解释

习惯有一般性、地方性和行业性之分，不同的习惯作为意思表示的解释方法需要不同的特定条件。④ 通行于社会公众全体的一般习惯作为"一般的社会通行观念"，可以且应当运用于票据上债务负担意思表示的解释上。而针对特定的行业、特定人群的习惯则不适宜票据债务负担意思表示的解释。

4. 诚信原则

诚信原则被多数法律推崇为基本原则，被称为"霸王条款"。可以说，唯有在依诚信原则确定法律行为内容的前提下，才可谓有真正的私法自治，因此，诚信原则就其对表示行为内容的决定作用，不与

---

① 参见史尚宽《民法总论》，中国政法大学出版社2000年版，第463页。
② 参见史尚宽《民法总论》，中国政法大学出版社2000年版，第462页。
③ 参见王利明《民法总则研究》，中国人民大学出版社2003年版，第552页。
④ 参见白玉廷、苑全耀《法律行为研究》，群众出版社2006年版，第159页。

其他标准争其先后,而贯穿于整个意思表示解释全过程,依交易习惯的解释、尽量使票据有效的解释等,无不外乎诚信原则的具体表现,债务负担意思表示的解释亦应有此原则的适用。

可见,虽然票据上债务负担意思表示的解释以文义解释为基本方法,但是,并非严格限定必须拘泥于所载文字解释,关于一般法理、习惯及诚信原则等,仍有很大的适用空间,这一点与其他法律行为的解释无异。[1]

总而言之,债务负担意思表示是对不特定多数人的意思表示,正因为如此,需要对意思表示的形式加以固定,亦需要从"当事人的色彩"中解放出来。由要式性和无因性之特性所决定,票据上债务负担意思表示一旦成立便与行为人主观因素相分离而成为一种客观存在,从而行为人作出意思表示当时的观念和期许,并不具有法律上的效力,具有约束力的仅是存在于票据书面文字中通常所表达的合理意味。票据是流通证券,辗转于多数人之间,因此,不得不考虑对善意第三人信赖利益以及交易安全的保护,所以债务负担意思表示的解释应当运用客观主义法理,以票据上的记载文义为解释对象,参照一般的社会通行观念,综合运用文义解释、习惯解释和诚信解释等方法进行客观解释和有效解释。

二 票据上权利移转意思表示的解释

在二阶段说之下,票据上权利移转意思表示是对特定相对人的意思表示,除其以交付票据的方式实施之外,与民法上的一般意思表示无大差别,完全可以直接适用民法意思表示解释理论。

(一)权利移转意思表示的解释对象

票据上的权利移转意思表示是依票据的交付而为,因此,其意思

---

[1] 参见梁宇贤《票据法新论》,中国人民大学出版社2004年版,第34页。

表示的解释对象是"交付行为"。该交付行为是通过转移票据占有的方式实施，因此，票据证券书面亦构成交付行为的内容，亦需要对票据记载文义进行解释。

此外，在二阶段说之下，票据上的权利移转意思表示是对特定相对人的意思表示，因此，除票据记载文义之外，当事人之间的具体情况亦构成意思表示的内容，需要将这些事实亦作为解释对象，这符合权利移转意思表示的有因性特征。票据上权利移转意思表示的效力发生受票据交付直接当事人之间原因关系的影响，因此，不同于具有无因性之债务负担意思表示的解释，在对权利移转意思表示进行解释时需要广泛考察票据外事实和证据。当然，基于票据的有价证券性、要式性、流通性等本质属性，对票据外事实的参照亦需要有一个尺度、限定的范围。

(二) 权利移转意思表示的解释基准

票据上的权利移转意思表示是针对特定相对人的意思表示，在解释上不得完全以票据行为人主观的意思为准，而应考虑到交付相对人理解可能性。也就是说，应当以一种客观的、规范的意义为准，这种意义必须同时适用于票据行为人与交付相对人双方。如果某项意思表示本身具有多重含义，而双方实际上是在同一种层面理解该项表示时，此一致认同的意义才具有决定性的作用。① 纵然从局外人客观的立场上理解意思表示的内容，与此双方共同的主观意思不一致，也应该以此"共同主观意思"为准发生法律效力，而不应以一般客观得以了解的内容为标准。②

如果票据行为人与交付相对人同属于一个交易阶层，那么以在该阶层一般人通常所理解的意义为依据。如果特定人之间有基于特别意

---

① 参见 [德] 卡尔·拉伦茨《德国民法通论》（下册），王晓晔等译，法律出版社2003年版，第458页。

② 参见陈自强《民法讲义Ⅰ契约之成立与生效》，法律出版社2002年版，第201页。

义的特别关系时,就应依其特别意义为基准进行解释。概言之,对于特定相对人意思表示的解释,应以"相对人得知或者可得而知的意思"为标准。

(三)权利移转意思表示的解释原则

关于意思表示的解释原则,大陆法系民法理论与实践将其主要概括为探求真意而不拘泥于词语原则(以下简称"探求真意解释原则")。① 票据上权利移转意思表示与民法一般意思表示基本性质相同,因此,不同于债务负担意思表示对表示主义的关注,应该以"探求真意解释原则"作为其意思表示解释的原则之一。

所谓"探求当事人的真意",并不意味意思表示发生法律效力的内容,必定是表意人主观上所欲发生的效果。如果意思表示一律以表意人的内心真实意思作为发生法律效力的内容,就不会发生"意思表示错误"的问题;而如果意思表示受领人所实际理解的意义永远具有决定性,那么表意人就会受到不公平的对待。② 我国台湾地区学者王泽鉴认为,在对特定相对人的意思表示,"为平衡当事人的利益及合理分配危险,应以客观上的表示价值作为认定意思表示内容的准据"③。所谓"客观上表示价值",并非即意思表示客观上的意义,而是从法律规范的立场解释意思表示,既不偏向表意人,也不完全以相对人主观所理解的为准,从而强调意思表示的解释应依诚信原则,斟酌交易习惯,考虑有理性的第三人若处于相对人的立场将会如何理解意思表示,即探求相对人对意思表示的理解可能性。④

如前所述,票据记载文义亦构成权利移转意思表示的内容,因此,也需要对"票据"这一书面形式进行解释,那么,就必然有客

---

① 参见董安生《民事法律行为》,中国人民大学出版社2002年版,第179页。
② 参见[德]卡尔·拉伦茨《德国民法通论》(下册),王晓晔等译,法律出版社2003年版,第458页。
③ 王泽鉴:《民法总则》,中国政法大学出版社2001年版,第409页。
④ 参见陈自强《民法讲义 I 契约之成立与生效》,法律出版社2002年版,第202页。

观主义解释原则的适用，而在权利移转意思表示上适用客观解释原则的体现就是"举证责任的倒置"。即在票据行为人实施交付行为时的主观意思与交付相对人受领的意思不一致时，根据票据记载文义，客观上可得而知的意思为准认定意思表示的内容，那么，对于意思表示存在瑕疵一事则由票据行为人举证证明。

（四）权利移转意思表示的解释方法

票据上权利移转意思表示也是通过票据证券进行，具体需要由票据行为人将票据交付于相对人而转移票据的占有，因此票据记载文义亦构成权利移转意思表示的内容，对其解释亦需要运用文义解释方法对票据书面记载文句进行解释。同时，权利移转意思表示具有有因性，票据交付直接相对人之间的原因关系事实影响意思表示的效力发生，因此，票据直接当事人之间的票据外原因事实或证据，如票据行为人实施意思表示的目的等亦构成权利移转意思表示的内容，因此，亦需要运用目的解释方法考察票据外具体情事。此外，习惯解释与诚信解释在权利移转意思表示解释中亦有其适用，但是，因权利移转意思表示是对特定相对人的意思表示，所以除一般社会通行观念以外，如果票据行为人与交付相对人同属于一个阶层、一个地方、一个行业，那么限定在该阶层、地方及行业的特殊习惯、观念等也应适用于交付关系特定当事人之间权利移转意思表示的解释上。

综上，权利移转意思表示的解释，既非完全采取意思主义理论，亦未完全以表示主义理论为依归，而是根据具体情形而定。如果交付相对人正确理解票据行为人的主观意思，即双方当事人意思表示一致，意思表示就以此共同的主观意思为内容发生法律效力。如果相对人对票据行为人意思表示内容的理解，与票据行为人的主观意思不一致，那么，根据具体情况，考虑相对人对意思表示客观表达内容的信赖有无保护的必要性。然而，票据上权利移转意思表示是通过交付票据的方式进行，票据记载文义亦构成权利移转意思表示的内容，因此,亦涉及交付相对人对票据记载文义的理解,存在对该记载内容的信赖,即交付相对人受领的意思亦应受到保护。总之,票据上权利移转意思表示的解释,以交付直接当事人一致的意思为基准,确定权利移转意思表示的内容;而在交付直接当事人之间意思不一致的场合,依表示主义以交付相对人可得受领的意思为准,并在票据行为人举证证明存在意思表示的瑕疵时,按照意思表示瑕疵规则处理。

第三节 票据上意思表示解释的具体规则

票据权利人通过票据这一有价证券行使票据债权,以期获得票据所载金额的支付,须明确的事项有三:首先,票据须为有效票据,成立有效的票据债权、债务;其次,须明确意思表示的主体——票据债务人,向确定的票据债务人为请求;最后,须明确意思表示的内容,认定票据金额、支付日期等票据债务内容。而每一事项都可能影响到票据持票人票据金额支付请求权的顺利行使,而这些均须通过解释加以认定。

一 票据外观与票据债务的成立

存在具备全部法定要件之"票据外观"的场合,通常情况下是基于正当的票据行为人所为有效的票据行为。但是,作为例外,在出票签章被伪造或者票据的出票行为存在意思的欠缺、意思表示的瑕疵时,如果该出票行为无效或者被撤销而归于无效,那么,作为基本票据行为的出票行为无效会导致票据债权和票据债务不成立,而具备"票据外观"的票据因结合于证券上的票据债权利、债务不成立而不能成为有效的票据,只能沦为单纯的纸张。但是,很多判例及学说肯定在一定的条件下让票据伪造人就该伪造票据负担支付义务——票据债务,或者让存在归责事由的被伪造人负担票据债务;在票据行为上存在意思的欠缺及意思表示的瑕疵时，则以其自己的理论构造通过解释尽可能肯定善意持票人的票据金额支付请求权。

如果票据行为归于无效或者经撤销而归于无效则导致票据债权、债务不成立，那么，即便是作为例外，但只要希冀得出"可以依票据请求支付票据金额"的结论，就必须承认"单纯的纸张"上亦存在有效的票据债权，这显然不符合逻辑。权利外观说及创造说就是为了解决或者回避此种矛盾而产生。其结果，就票据债权、债务的成立必须构建不同于传统法律行为理论的特殊理论。① 之所以需要以特殊理论作为基础，是因为根据民法一般法律行为理论只能认定为"无效的票据"，为保护善意持票人、促进票据流通，又须解释为"有效的票据"。鉴于此，各学说亦不论民法及票据法的具体规定如何，致力于探求在存在"适法票据"的场合即可认定票据债权和债务有效成立之合理的解释论。

存在具备全部法定要件的"票据外观"，票据受让人则通常会信赖该票据上存在票据债权和票据债务，换言之，只要存在"票据外观"，即应理解为具备让票据受让人有理由相信该票据上存在有效债权的信赖基础，而现在的票据行为解释理论亦以不违背信赖利益为目的而展开。例如，就伪造签章，学说及判例均肯定了伪造人的"票据责任"，甚至认定被伪造人的表见责任，从而认可持票人作为"票据债权人"的地位。而这是以具备全部法定要件的"票据外观"的存在为前提，并通过解释认定伪造人和被伪造人的票据债务即存在于该票据上。②

在二阶段说之下，票据是否具备法定要件属于对票据作成行为即

---

① 参见尾崎安央《統一手形用紙制度のもとにおける手形債務の成立と手形債務者——手形行為における意思表示の瑕疵、欠缺をめぐる議論を手がかりに》，《早稲田法学》第74卷第1号，第2页。

② 参见尾崎安央《統一手形用紙制度のもとにおける手形債務の成立と手形債務者——手形行為における意思表示の瑕疵、欠缺をめぐる議論を手がかりに》，《早稲田法学》第74卷第1号，第27页。

债务负担意思表示的解释问题，首先须明确票据记载及票据签章是否符合法定的形式要求。而根据债务负担意思表示的外观解释原则，票据是否具备法定要件仅以其外观进行判断，即使票据上的记载与真实情况不符甚至相悖，只要该记载在外观形式上符合法定的要求，即可认定存在作为票据受让人信赖基础之"票据外观"，就应肯定该"适法票据"有效成立。例如，出票日期的记载与实际的出票日不符，甚至虚构的日期，都不影响票据的效力。①

通常而言，票据债权及债务依票据行为人有效的债务负担意思表示而成立，即取决于票据行为人负担票据债务的"意思"。但是，又因债务负担意思表示是对不特定多数人的意思表示，因此，票据上的当事人债务负担的具体意思被抽象化、定型化，从而要求行为人在票据上进行签章时，仅具有对该票证为票据的事实认识为已足，即"认识到或者应当认识到是票据"而进行签章，即应解释为具备负担票据债务的主观意思。换言之，为促进流通的需要，票据行为人的意思被"客观化"而实现了同一性和对世性，因此，只要客观上存在具备全部法定要件的"适法票据"，即应解释为存在签章人负担债务的意思，成立票据债务。②

综上所述，根据票据外观解释原则，如果票据在形式上符合法律的要求而作成，即使实质上无效，仍然有效，形成有效票据，而行为人"认识到或者应当认识到是票据"而完成签章，即在该票据上成立票据债务，票据行为人须依票据所载事项承担票据责任。

二 票据签章与票据债务人的确定

票据签章是确认票据行为人意思表示存在的根本依据，是确定票

---

① 参见王小能编著《票据法教程》，北京大学出版社 2001 年版，第 47 页。
② 参见尾崎安央《统一手形用纸制度のもとにおける手形债务の成立と手形债务者——手形行为における意思表示の瑕疵、欠缺をめぐる议论を手がかりに》，《早稻田法学》第 74 卷第 1 号，第 28 页。

据债务人的基本要件。我国《票据法》第 7 条第 3 款规定："在票据上的签名，应当为该当事人的本名。"要求票据上的签章必须是票据行为人的本名，那么，如果以未使用票据行为人的本名而否定签章的效力，从而认定票据行为人不负担票据债务，只能有助于票据债务人免除票据责任而获取不当利益，而不利于善意的持票人实现票据权利。鉴于此，票据法理论及判例上均认为票据上的签章可以不限于本名，只要能够确认行为人的同一性，通称、商号、雅号、艺名等均可。如果票据行为人以本名以外的其他雅号、艺名等进行签章，只要该名称是签章人为表示自己而使用，那么不论是否具有周知性，即应认定该签章为有效签章，该名称所指实际签章人为票据债务人。如果票据行为人直接以他人的名义进行签章，则出现票据签章名义人与票据实际行为人不一致的情况，从而产生在签章名义人与实际行为人中应以何人为票据债务人的问题。通常，票据行为人"以他人的名义进行票据行为"，具体有三种情况：第一，行为人作为表示自己的称谓而使用他人的名称；第二，行为人遵照名义人的指示，为名义人而为签章，此所谓票据代行；第三，行为人擅自使用他人的名称进行票据签章，即所谓票据伪造。

事例一，丈夫通常以其妻子的名义进行经营的场合，丈夫使用妻子的名字进行了承兑签章。在这种情况下，日本有判例肯定了票据权利人直接对丈夫的票据金额支付请求。判决中，对此理由阐述到：在通常的交易中，以与他人（妻子）的名字同一的名称作为表示自己（丈夫）的名称而使用的人，实施票据行为时为表示自己（丈夫）而使用了与他人（妻子）的名字同一的名称而在票据上签章，在票据行为的性质上应认为该票据行为是进行该签章之人（丈夫）的行为，从而不论该名称是否属于他人或者应将其作为商号而使用，均不影响签章之人（丈夫）承担票据上的责任。① 这属于"以他人名义进行票据行为"的第一种情况。法院判决中以丈夫使用妻子的名字进行经营且交易上承认妻子的名字是丈夫营业上之名称的事实为前提，认为该签章具有周知性，能够依此确认票据行为人，亦即妻子的名字在丈夫经营过程中并非指代妻子本人，而是作为表明经营者之丈夫的名称而使用，从而仅肯定了丈夫的票据责任。

事例二，张弟是 A 公司的代表董事，因 A 公司受有限制进行票据交易的处分，所以以其兄张哥的名义多次签发票据，而张哥是失业人员，并无经济信用及工作实绩，亦无进行票据交易的经验。收款人李某于到期日，向付款人提示票据请求付款，但遭到拒绝，于是，遂向张弟请求支付票据金额。在民法一般民事法律行为的场合，即使使用他人或者虚构人的名字进行民事法律行为，亦不改变该行为属于实际实施行为之人的事实。根据民法基本原理，在上述事例中，即使该名称并非是他人所周知的惯用名，只要是为表示自己而使用，亦可作为实际行为人所为的票据行为而发生效力，其（事例中的丈夫及张弟）作为票据的实际行为人承担票据责任。但是，这就等于根据票据上未记载的事实确定票据行为效力，有违票据行为的文义性；而如果以实际行为人所使用的名称并非行为人本人的名字而否定其所为票据行为的效力，就会免除实际行为人的票据责任，这不仅无视善意持票人的利益，无疑助力实际行为人谋取不当利益。

须指出的是，在第一个事例中，妻的名字本来应是妻自身的名字，不论夫是擅自使用妻的名字，还是经妻的许可而使用，均不能以此否认该名字是妻之名的事实，因此，对于第三人来说，完全有可能认为该票据行为是由妻本人实施，而此种信赖如为合理，亦不得不予

---

① 参见［日］铃木竹雄《他人の氏名による署名》，载鸿常夫等编著《手形小切手判例百选》（第四版），有斐阁 1990 年第 4 版，第 10 页。

以考虑。并且，在第二个事例中，如果签章名义人 B 相对于行为人 Y 更有信誉，从而票据受让人 X 亦信赖该签章为名义人本人所为而授受票据的场合，X 的信赖利益亦应受到保护，而这又符合票据行为的文义性。

以二阶段说为基础的票据上意思表示解释理论主张，债务负担意思表示的解释以客观主义解释为原则，因此，如果票据的第三受让人信赖票据上的签章为名义人本人所为，除非签章名义人举证证明该签章为伪造签章，否则不能免除票据责任，应向善意持票人负担票据债务；而权利移转意思表示的解释以探究当事人真意为解释原则，因此，如果交付相对人（如第二个事例中的收款人李某）知道该签章所指实际行为人（如第二个事例中的张弟），则在实际行为人（张弟）与交付相对人（李某）之间成立有效的契约，那么，当然应由实际行为人（张弟）向其交付相对人（李某）负担票据债务；而如果交付相对人（李某）信赖名义人本人（如第二个事例中的张哥）为出票人而受让票据，也就是在实际行为人（张弟）与其交付相对人（李某）之间存在意思的不一致，而此为实际行为人（张弟）使用他人（张哥）的名字而致，所以由此所生不利益不应由持票人（李某）承担，应由具有可归责事由的实际行为人（张弟）承担。①

有学者可能会认为，上述的观点会导致解释理论上的不统一：对于一个票据上的记载（签章）有时可解释为甲，有时又可解释为乙，而按照通常的理解，票据债务人必须明确，不能作出多义且可变的解释。确实，即使是客观上存在多层含义的记载，从行为人的角度主观上都是出自一个意图。但是，从票据受让人的角度完全有可能出于与票据行为人的理解而受让票据，而行为人主观上的真正意图他人难以

---

① 参见［日］岩原绅作《他人の氏名による署名》，载鸿常夫等编著《手形小切手判例百选》（第五版），有斐阁 1997 年第 5 版，第 7 页。

得知，却执意将认清行为人真实意图的责任强加于票据受让人，使其受到不可预知的损害，显然显失公平，亦不符合保护善意持票人利益的票据法基本旨趣。因此，票据实际行为人不论其主观意图如何，毕竟作成客观上存在分歧的票据，存在归责事由，让其遭受不利后果也是无可厚非。如果认为，票据债务人必须特定为一人，那么确定以行为人本人为票据债务人，签章名义人则不承担票据责任，而如果"无须特定某一人为票据债务人的话，就完全没有为承认实际行为人（丈夫）的责任而否定签章名义人（妻子）责任的必要；并且，即使承认签章名义人（妻子）的责任，亦无须为此而否认实际行为人（丈夫）的责任"[①]。

综上所述，行为人以他人名义进行票据行为的场合，如果实际行为人擅自使用他人的名称，即构成票据伪造，签章名义人作为被伪造人不承担票据责任，此自不待言；如果签章名义人授予他人以自己的名称进行票据行为的权限，或者默示他人以自己的名义进行票据行为，则构成票据代行，签章名义人本人不能免除票据责任；而当实际行为人为了表示自己而使用了他人的名称，则应肯定实际行为人的票据责任，同时，签章名义人默示他人使用自己的名字，且票据受让人对票据上显示的签章名义人给予充分信赖而受让票据，则善意受让人的信赖利益也应受保护，从而不能完全免除签章名义人的票据责任。

票据上的实际行为人只要具有承受以他人名义而为票据行为后果的意思，即具有负担依该签章所生票据债务的内心效果意思，应该允许其在较广的范围内自由选择签章所使用的名称。尽量认定票据有效，使其纳入到票据法的规范范围，有利于保护善意持票人，促进票据的流通，维护交易安全。总之，从保护票据持票人利益的维度，无

[①] [日] 铃木竹雄：《手形行为の解釈》（一），《法学协会杂志》第80卷第2号，第167—168页。

视"票据外观"的存在,仅依实际行为人主观意图上的差异而认定为不同的结果,是极不恰当的做法。票据实际行为人只要认识到是票据而使用某种名称进行了票据签章,原则上则应由该实际行为人负担票据债务,同时,亦不能完全免除签章名义人的票据责任。

三 票据记载与票据债务内容的确定

（一）对票据金额的解释

票据为金钱证券,票据上必须记载有一定的金额,票据金额是决定票据流通价值的重要记载事项,反映票据债务的具体内容,因此,对票据记载金额的解释对票据关系当事人而言尤其重要。

1. 对票据金额错误记载的解释

例如,甲为了清偿 150 万元的买卖价金,原本想签发金额为 150 万元的本票,却将票据金额记载为 1500 万元,并交付给相对人乙,而乙在受领当时也没有注意到金额错误,误以为是 150 万元的票据,事后又背书转让于丙;丙也将该票据作为 150 万元的本票背书转让给丁,后丁向乙主张支付票据记载金额 1500 万元。①

关于这一事例,日本有判例认定,就 1500 万元的票据金额,其中 150 万元票据金额的部分,背书人的票据债务有效成立,而对于其余部分金额则作为意思表示错误的情形处理。对此,票据法学者就票据金额的一部分意思表示归于无效的观点提出了质疑,主张背书行为应就其表示的 1500 万元有效成立,超出约定部分的金额应作为原因关系不存在或者欠缺相应对价的问题而处理。但是,这应该是证券上记载的票据金额与行为人的真意不一致时就该记载事项如何认定其效力的问题,而不是既已有效成立的票据关系,欠缺原因关系或者无对

---

① 参见［日］鸿常夫等编《手形小切手判例百选》（第五版）,有斐阁 1997 年第 5 版,第 16 页。

价而在直接相对人之间构成票据抗辩的问题。①

票据金额不同于票据上关于日期、地点等事项的记载,在其性质上是可分的,因此,完全可以拆分为两笔金额:对部分金额予以承认,对另一部分金额因意思表示的瑕疵而认定无效或可撤销,而此为最符合事实关系的结论。② 如果以二阶段说为理论基础进行分析:首先在债务负担意思表示的解释上,虽然票据金额的记载事实上存在错误,但是,票据已具备全部法定要件,那么应依外观解释原则认定为有效票据。其次,以票据记载文义为解释对象,依客观解释原则认定依票据所载金额为准成立票据债务,从而乙应当负担 1500 万元的全额票据债务,因此,对于该票据的善意持票人须负担 1500 万元的票据债务。而在权利移转意思表示的解释上,票据的直接相对人之间(如甲与乙、乙与丙、丙与丁)均对 150 万元的债务(债权)为内容进行了意思表示行为,即仅就 150 万元的债权让与达成意思表示一致,因此,其票据债权的转移效力也应以该一致的意思为内容发生效力,只得以转让 150 万元的债权,从而票据持票人亦仅对 150 万元的票据部分金额享有偿还请求权,对于超过 150 万元的部分金额而言是无权利人。当然,如果持票人丁就 1500 万元的票据债务成立善意取得,那么乙应向丁承担全部票据金额的支付义务。此对票据上意思表示采取一元构成模式而作一体化理解的传统理论是无法得出上述结论的,而二阶段说由于对票据上意思表示采取二元构成模式,区分债务负担方面和权利移转方面认定效力,得以将票据债务的发生与票据债权的转移相分离,实现了票据债务人与票据债权人利益的平衡。

2. 对票据金额重复记载的解释

票据金额的记载通常以文字和数字同时表示,这就有可能出现票

---

① 参见 [日] 长谷川雄一《手形抗弁の研究》,成文堂 1990 年版,第 406 页。
② 参见 [日] 庄子良男《手形抗弁论》,信山社 1998 年版,第 142 页。

据上以两种方式记载的金额不一致，即票据金额重复记载的情形。在这种情况下，如前所述，不能简单就认定为票据无效，而应通过有效解释尽量确定票据金额。当票据金额的文字记载和数字记载不一致时，国际上的通行做法是以文字记载为准（以下称"文字优先原则"）确定票据金额；① 但也有一些国家和地区的票据法规定，以最低（较少的）金额为票据金额（以下称"最小金额原则"）；② 而《美国统一商法典》第3—118条则规定，文字与号码相抵触时，以文字为准，但文字含义不明时，以号码为准。

关于票据金额的重复记载，日本有一则著名的判例。甲向乙签发了一张本票，乙又将该票据背书转让给丙。而该本票，在票据金额栏中以汉字记载为"壹佰日元"，又在同栏的右上方以阿拉伯数字记载为"¥1,000,000"，而印花栏中贴有100日元的印花税标签。票据到期，持票人丙请求甲支付票据金额100万日元，甲以票据金额应为100日元为由拒绝支付。对此，一审法院认为，根据《日本票据法》第6条第1项的规定③，票据上以文字记载的金额和以数字记载的金额不一致时，以文字记载的金额为票据金额，因此，涉案票据金额应当为100日元。而二审法院则认为：涉案票据上的"壹佰日元"的记载，并非第6条第1项所称文字记载，属于"汉数字"记载，因此，不适用该条规定；票据上的100日元作为票据金额虽非不可能，但从该票据出票日当时的货币价值判断，推定为发行100日元的票据在经验规则上不可能存在；根据印花税法，出票人在金额为100日元的票据上粘贴100日元印花的情形，一般常识上不可能存在。④ 基于

---

① 参见《日本票据法》第6条第1项、《日内瓦统一汇票本票法》第6条第1款、我国台湾地区"票据法"第7条。

② 参见《日内瓦统一汇票本票法》第6条第2款。

③ 《日本票据法》第6条第1项规定："汇票的金额以文字及数字记载的场合，其金额有差异时，以文字记载的金额为票据金额。"

④ 参见［日］高洼利一《有价证券法研究》（上），信山社1996年版，第169页。

以上的理由，二审法院判决为：汉字记载的金额明显为数字记载金额的误记，因此，应当将数字记载的金额 100 万日元作为涉案票据的金额。而最高法院撤销了原二审判决，改判认定票据金额为汉字记载的 100 日元，主要理由阐述如下：首先，涉案票据上"壹佰日元"的记载属于第 6 条第 1 项规定的文字记载的范围。法律之所以要求在数字记载之外再进行文字记载，是因为文字记载更慎重，也更难以被变造。因此，"壹佰日元"的记载符合文字记载目的的记载方法，是属于票据法上所说的文字记载范围，亦属于"文字优先原则"的适用对象。而票据法上确立"文字优先原则"和"最小金额原则"的目的，是为了防止票据因所记载金额的不确定而导致无效，从而针对不确定的票据金额规定了法定的处理措施，即采取了一刀切、划一的方式，确定以某一金额为最终的票据金额，这属于强制性规定。其次，如果认为 100 日元的记载明显是误记，从而认为票据金额应该是"100 万日元"，那么，就势必要求每一个持票人，对于流通中的该票据都作出同样的判断。但是，如果仅仅根据一般的经验规则进行判断，由于其判断基准本身的不明确，很难保证流通中受让票据的所有受让人都能够得到同一的认识，这就势必引起交易界的混乱，有害于票据交易的安全性和迅速性。在法律上已规定有"文字优先原则"的基础上，如果严格以明确的法律规定为判断标准，很容易得到一致的认识，不会引起交易秩序的混乱。而且，在该案件中，持票人确实没有履行好必要的注意义务，那么，其承担不利后果也是无可厚非。最后，该案件判决后的社会效应，也应该予以考虑。如果不顾法律已有的既定规则，而执意以一般的经验规则去认定票据记载内容，很容易引起认识的不统一，而且也有损于法律的权威；而如果坚持适用法律的规定，能够引起重视，避免再次发生类似事件。

我国《票据法》第 8 条规定："票据金额以中文大写和数码同时记载，二者必须一致，二者不一致的，票据无效。"这与国际上针对票据金额两种方式的记载不一致时推定以某一金额记载为票据金额的通行做法严重背离。《日本票据法》第 6 条第 1 款、我国台湾地区"票据法"第 7 条、《联合国国际汇票和国际本票公约》第 8 条第 1 款、《日内瓦汇票和本票统一法公约》第 6 条第 1 款均规定，票据金额以文字和数字同时记载时，如果二者不一致，则以文字记载的金额为票据金额。另外，《联合国国际汇票和国际本票公约》第 8 条第 2 款、《日内瓦汇票和本票统一法公约》第 6 条第 2 款又规定，如果票据金额多次以文字表示，或者多次以数字表示的，其间如果有差异，以较少的金额为票据金额。而《美国统一商法典》中以列举的方式规定，手写条款与打字和印刷条款相抵触的，以手写条款为准；打字条款与印刷条款相抵触的，以打字条款为准；文字记载与数码记载不相符的，以文字记载为准，如果文字记载含义不明确的，以数码记载为准。

　　如前所述，贯彻过于严格的文义解释而认定票据无效，反而有利于票据行为人逃避债务而损害票据持票人的正当权益；如果票据行为人将文义性作为免除其票据责任的手段，则违背票据文义性原则本应有的功能。因此，在外观上得以救济（票据具备法定要件）时，应通过合理解释尽量使认定票据有效。在票据金额重复记载的场合，综合判断票据书面上的各项记载事项可以确定某一记载为票据金额记载时，不应轻率地认定票据无效。综上，我国《票据法》第 8 条的规定，其合理性有待商榷。

　　票据法学界既然一致认为不应存在票据金额的重复记载而完全否定票据效力，那么，就必须通过解释以确定票据金额。对此，主要存在如下两种观点。第一种观点认为，当票据金额重复记载的场合，防止票据归于无效的同时，对其处理应该法定化，从而使各持票人能作出相同的判断，因此应适用为确保票据交易的安全性、迅速性而设置的强制性规定。根据这一主张，对票据要件的解释应严格按照法律规定，统一以文字记载的金额为准确定票据金额。如在上述判例中，应根据票据法"文字优先原则"将票据金额确定为100日元。第二种观点认为，按照经验规则、社会通行观念或者一般常识，比较两种金额记载，文字记载明显为误记的场合，不适用票据法"文字优先原则"。按照此观点，上述判例的场合，依经验规则及出票时货币价值上判断，100日元作为票据金额不可能存在，且考虑到所粘贴的印花关联性上无法认为票据金额为100日元，因此文字记载为明显误记，应解释为100万日元的票据。

　　根据二阶段说为基础的票据上意思表示解释理论，须区分债务负担意思表示和权利移转意思表示分别进行效力认定。如前所述，债务负担意思表示的解释应遵循票据客观解释原则，即债务负担意思表示的解释仅以票面上的记载文义为其解释对象，客观地进行判断，不能以票据外的事实对票据记载文义进行变更或补充。但是，对其记载文句本身进行解释时，又不应该拘泥于所使用的文字，必须依一般的社会通行观念合理地判断所载内容的含义。因此，在票据金额明显为误记的场合，仍适用票据法关于重复记载的规定显然欠妥。而且在权利移转意思表示的解释上可以认定出票人并没有签发金额记载错误之票据的意图（当然，如果故意为错误记载票据行为人的意思更无须保护），而持票人也能从票据的外观上正确理解出票人的意思，即票据持票人所受领的意思与票据行为人发出的意思一致，那么没有必要仍然机械地完全适用"文字优先原则"，而以明显错误记载的文字为票据金额，这将破坏当事人之间意思的一致，有损于私法自治原则。①在上述100日元案例中，在债务负担意思表示的解释上，按照经验规则及一般社会通行观念，并观察印花标志等票据其他记载事项能够判

---

① 参见［日］三枝一雄、坂口光男、南保胜美编《手形・小切手法》，法律文化社2003年版，第87页。

断出明显得不合理，且在权利移转意思表示的解释上，能够认定票据持票人丙从乙处受领票据时，不论其是否认识到文字金额记载错误，只要丙是以100万日元为票据金额而受让票据，或者依社会通行观念一般社会人通常均能够认识到100日元的文字记载有误而正确理解了出票人意思的场合，应认定文字记载为误记，从而排除适用票据法"文字优先原则"。实际上，从设置"文字优先原则"的宗旨上看，此规定主要是为了防止票据变造，通常对数字记载较容易进行变更，文字记载不容易变造，从而在数字记载与文字记载不一致的场合，考虑到存在票据变造的可能性而规定以文字记载为准确定票据金额。但是，不存在票据变造，且能够认定文字记载明显错误的场合，不应再绝对地适用"文字优先原则"，否则，此规定有可能被票据债务人用于利用交付相对人的疏忽及信任免除其自身票据责任的手段，因此，应该综合考察票面上的记载内容，合理地进行解释。

（二）对票据日期的解释

票据日期是票据法所规定的必要记载事项，包括出票日期和到期日。根据我国《票据法》第22条、第75条及第84条的规定，出票日期是票据绝对必要记载事项；根据我国《票据法》第23条和第25条的规定，到期日是汇票的相对必要记载事项，如未记载汇票到期日的，视为见票即付。票据上的日期记载对票据具有重要的意义：出票日期不仅是确定某些法律事实（如有无行为能力的判断）的依据，也是确定法定期限的起算点和权利消灭时效的根据；而汇票到期日是确定汇票期限的根据，又是确定票据权利最终消灭时间的依据。票据日期作为票据记载要件之一，是票据最基本的重要的"债务内容"，对其解释结果与票据当事人的利益密切相关。

1. 以不存在的日期为到期日的解释

如果以9月31日或者平年2月29日等历法上不存在的日期为到期日的票据时，应当认定其有效还是无效？如认定为有效，那么应以哪一天为到期日？均需通过解释予以确认。

作为票据金额的支付日期而记载于票据上的到期日，原本应为能够提示票据之日，即应为历法上存在的日期，而如果以根本不存在的日期为到期日，则该票据的效力应如何判断只能依解释予以确定。对此，有三种意见分歧：① 第一种意见认为，在历法上不存在之日当然无法进行票据行为，因此，如果到期日为不存在之日，该票据无效；第二种意见认为，历法上不存在之日不足以成为到期日，因此，该记载应视为未记载，而将票据定性为见票即付的票据；第三种意见则认为，应将此种票据的到期日解释为当月之末日。

如前所述，如果将形式上符合法定要件的票据（"适法票据"），以实质上不存在的日期为到期日而认定为无效，此举只能有利于票据债务人逃避票据责任，有可能成为怠于记载正确日期的票据债务人拒绝支付票据金额的口实。因此，首先应根据票据有效解释原则和票据外观解释原则，认定此种具备法定要件的票据有效成立。其次再确定具体的到期日，应认定为当月末日，还是下月的初日。

在债务负担意思表示的解释上，应依票据客观解释原则，不考虑出票人与收款人之间原因关系情况，仅从 2 月 29 日、9 月 31 日等票据上的记载文义出发，根据一般社会通行观念进行合理判断，则应认为该记载意味着当月的末日；即使原因关系上的债务履行期为 3 月 1 日，亦不允许主张票据外事实认定票据上债务的到期日。即使从票据上的记载事项无法判断具体的到期日，从保护票据交易安全的角度出发，应赋予票据持票人以选择权，而不允许依原因关系上的事实证据，而主张使第三持票人遭受可预知范围之外的票据风险。而且，进

---

① 参见［日］三枝一雄、坂口光男、南保胜美编《手形·小切手法》，法律文化社2003年版，第88页。

行了模糊记载，或者在有模糊记载的票据上进行签章的人，理应承受由此发生的不利益。① 在权利移转意思表示的解释上，如果票据交付当事人对所转让的票据债权的期限有一致认识的场合，例如，直接当事人之间事先约定以出票日后的15天之日为到期日，而该到日期本应为10月1日，但双方却都误认为9月31日时，此时如果以当月末日之9月30日为到期日将违反当事人一致的意思，因此，在这种情况下，可以且应该以10月1日为到期日。当然，如果事先没有约定，直接当事人双方又对此认识不统一，可以以表示上的效果意思为准，即以相对人所得受领的意思为准确定具体日期，并作为意思表示存在瑕疵的情形处理。

2. 以出票日以前的日期为到期日的解释

以出票日以前的日期为到期日的场合，例如，甲向乙签发一张出票日为2005年12月27日、到期日为同年5月6日的汇票，依背书（背书记载日期为2004年12月28日）受让该票据的持票人丙在提示付款期间内进行了提示承兑，但遭到拒绝。持票人遂向出票人甲请求支付票据金额，而甲主张该票据的到期日在出票日之前，提示、付款均不可能，因此应属于无效的票据。

以出票日以前的日期为到期日的票据，应与不存在之日为到期日的票据可作同一解释。在债务负担意思表示的解释上，应从票据上的记载出发，以客观主义解释为原则，根据社会通行观念进行合理地解释。上一事例的票据虽然其日期记载确有不合理之处，但是，考察票据上的各项记载事项，可以看出，该票据的到期日记载属于能够提示之日，再加上背书日期记载为2004年12月28日，显然实际的出票日应为到期日之前的日期，票据上对出票日期的记载属于明显的错误记载。在权利移转意思表示的解释上，如果就该票据日期存在直接当

---

① 参见［日］前田庸《手形法·小切手法》，有斐阁1999年版，第80页。

事人之间有一致的意思，则以该意思为准发生法律效力；而票据交付当事人之间认识不统一，则应以相对人可得受领的意思为准，在票据行为人能够举证证明存在错误的情况下，作为意思表示瑕疵的情形处理。

结　　语

我国现行票据立法自1996年颁布并实施第一部成文票据法至今，历经二十余年，当前的市场经济环境已有了重大发展变化，多数规范已无法与之相适应。纵观近五年的司法实践状况，人民法院受理的票据纠纷案件数量越来越多、涉案标的越来越大、波及面越来越广。票据审判实践中频出的全国性票据大案，加之立法的不完善，加深了司法适用困境，向传统票据法理论提出了逻辑难题和技术挑战。

票据行为是票据法的理论基点，其作为法律行为的一种，以意思表示为其核心要素，可以说，意思表示理论贯穿着票据法原理与规则体系。鉴于此，本书以票据上意思表示为研究对象，以最新的票据行为理论为逻辑起点，综合运用语义分析、比较分析和实证分析等研究方法，对票据上意思表示进行全面、系统的阐释，反思以一元构成模式诠释票据行为之传统理论的逻辑缺陷，论证票据行为二阶段说的合理性，并以二阶段说为理论基点，围绕着意思表示的构成、瑕疵和解释等基本理论问题，对学说、规范与判例进行了系统全面的梳理与分析，重新塑造票据上意思表示理论。

不同于传统的票据行为理论对票据行为采取一元构成模式，票据行为二阶段说将票据的作成行为和交付行为理解为具有独立法律意义的两个行为，并对票据上的债务负担意思表示与权利移转意思表示分别进行效力判断，系统分析围绕着票据发生的两个基本问题即票据债权（债务）的产生与票据债权的转让，从而可以在肯定票据债权发生的同时否定票据债权的转让，据此弥补票据行为一元论在欠缺交付或者交付行为存在瑕疵时，对善意持票人利益保护的不利，可以无须借助其他理论，而仅以其自身理论构造即能获得逻辑自洽的结论，实现票据行为人与票据持票人利益的平衡。

在二阶段说之下，票据上意思表示分为债务负担意思表示和权利移转意思表示，债务负担意思表示依票据行为人单方面作出有效的票据记载和签章而成立，并产生票据债权（票据债务），且该票据权利表彰于票据上；而表彰于票据上的票据债权，经票据行为人作出有效的权利移转意思表示亦即票据的交付而转移于票据受让人，从而票据行为人自始与他人发生票据关系，并应依票据所载文义负担票据债务。

票据上的债务负担意思表示是对不特定多数人的意思表示，因此，不同于民法上一般意思表示，具有单方性、要式性、无因性和独立性，因此，有其独立的成立和生效规则，即债务负担意思表示于票据行为人认识到或者应当认识到是票据而在该票据上签章时成立并生效。与此相应，债务负担意思表示的瑕疵及解释规则亦不能直接适用民法意思表示的一般规则，应建立符合其自身属性的独立的瑕疵理论及解释理论。而票据上的权利移转意思表示是对特定相对人的意思表示，与民法上一般意思表示基本性质相同，因此，对其成立、生效、瑕疵及解释可以且应当适用民法对意思表示的一般规则。同时，由于票据上的权利移转意思表示亦须通过票据这一有价证券作出，必然有其特殊性，在个案分析中需要加以考量。

我国票据市场的迅速发展与票据法律制度的相对落后之间的矛盾，突出体现在以票据行为为规范中心的票据立法规则与国际通行的商业惯例严重脱节，本书的现实意义就在于此。作为一种新的尝试，本书对票据上意思表示的研究尚存在疏漏与不足，尽管如此，笔者还是期望在民商事立法日趋完善的当下,能够引起理论界与实务界对票据法问题的持续关注,并希冀为我国未来票据立法的完善略尽绵薄之力。

参考文献

一 著作类

（一）中文原著

白玉廷、苑全耀：《法律行为研究》，群众出版社2006年版。

陈国义：《票据法——案例式》，智胜文化事业有限公司2005年版。

陈自强：《民法讲义Ⅰ契约之成立与生效》，法律出版社2002年版。

陈自强：《民法讲义Ⅱ契约之内容与消灭》，法律出版社2004年版。

陈自强：《无因债权契约论》，中国政法大学出版社2002年版。

董安生：《民事法律行为》，中国人民大学出版社2002年版。

董安生主编：《票据法》，中国人民大学出版社2006年版。

范健主编：《商法》，高等教育出版社、北京大学出版社2002年版。

高子才主编：《票据法实务研究》，中国法制出版社2005年版。

郭明瑞主编：《民法》，高等教育出版社2003年版。

胡长清：《中国民法总论》，中国政法大学出版社1997年版。

胡德胜、李文良：《中国票据制度研究》，北京大学出版社2005年版。

黄立：《民法总则》，中国政法大学出版社2002年版。

黄茂荣：《法学方法与现代民法》，中国政法大学出版社 2001 年版。

黄松有主编：《票据法司法解释实例释解》，人民法院出版社 2006 年版。

姜建初主编：《票据法》，北京大学出版社 2000 年版。

李钦贤：《票据法专题研究》（一），三民书局 1996 年版。

李宜琛：《民法总则》，中国方正出版社 2004 年版。

李永军：《民法总论》，法律出版社 2006 年版。

梁慧星：《民法解释学》，中国政法大学出版社 1995 年版。

梁慧星：《民法总论》，法律出版社 2001 年版。

梁宇贤《票据法新论》，中国人民大学出版社 2004 年版。

梁宇贤：《票据法实例解说》，中国人民大学出版社 2004 年版。

林诚二：《民法总则》（上、下册），法律出版社 2008 年版。

林艳琴、丁清光：《票据法比较研究》，中国人民公安大学出版社 2004 年版。

刘得宽：《民法诸问题与新展望》，中国政法大学出版社 2002 年版。

刘得宽：《民法总则》，中国政法大学出版社 2006 年版。

刘定华、张严方：《票据责任与票据法律责任》，国家行政学院出版社 2000 年版。

刘定华主编：《票据法教程》，中国金融出版社 2008 年版。

刘定华主编：《票据法学》，中国财政经济出版社 2002 年版。

刘家琛主编：《票据法原理与法律适用》，人民法院出版社 1996 年版。

刘心稳：《票据法》，中国政法大学出版社 2002 年版。

柳经纬：《感悟民法》，人民法院出版社 2006 年版。

龙卫球：《民法总论》，中国法制出版社 2002 年版。

吕来明：《票据法基本制度评判》，中国法制出版社 2003 年版。

吕来明：《票据法前沿问题案例研究》，中国经济出版社 2001 年版。

马俊驹、余延满：《民法原论》（上、下），法律出版社 1998 年版。

梅仲协：《民法要义》，中国政法大学出版社 1998 年版。

施文森：《票据法论——兼析联合国国际票据公约》，三民书局 2005 年版。

施文森：《票据法新论》，三民书局 2000 年版。

史尚宽：《民法总论》，中国政法大学出版社 2000 年版。

苏号朋：《民法总论》，法律出版社 2006 年版。

苏永钦：《走入新世纪的私法自治》，中国政法大学出版社 2005 年版。

孙应征主编：《票据法理论与实证解析》，人民法院出版社 2004 年版。

覃有土主编：《商法学》，高等教育出版社 2004 年版。

汤玉枢：《票据法原理》，中国检察出版社 2004 年版。

佟柔主编：《民法总则》，中国人民公安大学出版社 1990 年版。

汪世虎：《票据法律制度比较研究》，法律出版社 2003 年版。

王伯琦编：《民法总则》，"国立编译馆" 1963 年版。

王开定：《票据法新论与案例》，法律出版社 2005 年版。

王利明：《民法总则研究》，中国人民大学出版社 2003 年版。

王明锁：《票据法学》，法律出版社 2007 年版。

王小能编：《票据法教程》，北京大学出版社 2001 年第 2 版。

王小能主编：《中国票据法律制度研究》，北京大学出版社 1999 年版。

王泽鉴：《民法总则》，中国政法大学出版社 2001 年版。

王泽鉴：《债法原理》，中国政法大学出版社 2001 年版。

魏振瀛主编：《民法》，北京大学出版社、高等教育出版社 2000 年版。

吴京辉：《票据行为论》，中国财政经济出版社 2006 年版。

吴庆宝主编:《票据诉讼原理与判例》,人民法院出版社2005年版。

谢怀栻:《票据法概论》,法律出版社2006年版。

谢石松:《票据法的理论与实务》,中山大学出版社1995年版。

杨继:《票据法教程》,清华大学出版社2007年版。

杨小强、孙晓萍主编:《票据法》,中山大学出版社2003年版。

杨与龄:《民法概要》,中国政法大学出版社2002年版。

杨忠孝:《票据法论》,立信会计出版社2001年版。

于莹:《票据法》,高等教育出版社2004年版。

于莹主编:《法学微言》(赵新华教授花甲纪念),吉林人民出版社2007年版。

于永芹:《票据法前沿问题研究》,北京大学出版社2003年版。

于永芹主编:《票据法案例教程》,北京大学出版社2003年版。

曾世雄、曾陈明汝、曾宛如:《票据法论》,中国人民大学出版社2002年版。

张国键:《商事法论》,三民书局1980年版。

张文楚:《票据法导论》,华中科技大学出版社2006年版。

张文显:《法哲学范畴研究》,中国政法大学出版社2001年版。

赵威:《票据权利研究》,法律出版社1997年版。

赵新华:《票据法》,人民法院出版社1999年版。

赵新华:《票据法论》,吉林大学出版社2007年版。

赵新华主编:《票据法问题研究》,法律出版社2002年版。

郑孟状:《票据法研究》,北京大学出版社1999年版。

郑洋一:《票据法之理论与实务》,三民书局2001年第22版。

郑玉波:《民法总则》,中国政法大学出版社2003年版。

朱庆育:《意思表示解释理论——精神科学视域中的私法推理理论》,中国政法大学出版社2004年版。

祝铭山主编:《票据纠纷》,中国法制出版社2003年版。

（二）中文译著

［德］迪特尔·梅迪库斯：《德国民法总论》，邵建东译，法律出版社 2000 年版。

［德］迪特尔·施瓦布：《民法导论》，郑冲译，法律出版社 2006 年版。

［德］卡尔·拉伦茨：《德国民法通论》（上、下册），王晓晔等译，法律出版社 2003 年版。

［德］卡尔·拉伦茨：《法学方法论》，陈爱娥译，商务印书馆 2003 年版。

［美］E. 博登海默：《法理学：法律哲学与法律方法》，邓正来译，中国政法大学出版社 1999 年版。

［日］富井政章：《民法原论》（第一卷），陈还瀛等译，中国政法大学出版 2003 年版。

［日］山本敬三：《民法讲义 I 总则》，解亘译，北京大学出版社 2004 年版。

［日］松波仁一郎：《日本商法论》，秦瑞玠、郑钊译，中国政法大学出版社 2005 年版。

［日］我妻荣：《债权在近代法中的优越地位》，王书江、张雷译，中国大百科全书出版社 1999 年版。

［意］桑德罗·斯奇巴尼选编：《法律行为》，徐国栋译，中国政法大学出版社 1998 年版。

［英］梅因：《古代法》，沈景一译，商务印书馆 1959 年版。

（三）外文原著

长谷川雄一：《手形·株券论集》，成文堂 1997 年版。

长谷川雄一：《手形抗弁の研究》，成文堂 1990 年版。

长谷川雄一：《有价证券法通论》，成文堂2000年版。

川村正幸：《手形小切手法》，法研出版社2007年版。

崔基元：《商法学原论》，博英社2005年版。

大桥光雄：《手形法》，巖松堂书店1942年版。

大矢息生：《有価証券法の基礎》，成文堂1994年版。

大隅健一郎、河本一郎：《注釈手形法・小切手法》，有斐阁1977年版。

大隅健一郎：《手形法小切手法讲义》，有斐阁2001年版。

大塚龙儿、林竫、福泷博之：《商法Ⅲ——手形・小切手》，有斐阁2005年版。

丹羽重博：《手形・小切手法概论》，法学书院2007年版。

福泷博之：《手形法概要》，法律文化社1998年版。

高洼利一：《有价证券法研究》（上），信山社1996年版。

宫岛司：《手形法・小切手法》，法学书院1998年版。

河本一郎：《有价证券法研究》，成文堂2000年版。

河本一郎等编：《手形小切手の法律相谈》，有斐阁1992年版。

河本一郎等编：《现代手形小切手法讲座》（第2卷），成文堂2000年版。

鸿常夫等编：《手形小切手判例百选》（第四版），有斐阁1990年版。

鸿常夫等编：《手形小切手判例百选》（第五版），有斐阁1997年版。

加藤良三编：《有価証券の法理——有価証券法総论・手形小切手法》，中央経済社2007年版。

菅原菊志：《手形法小切手法入门》，青林书院1981年版。

金俊镐：《民法讲义——理论事例》，法文社2003年版。

莲井良宪、酒卷俊雄编著：《手形・小切手法》，青林书院1993年版。

铃木竹雄：《手形法・小切手法》，前田庸修订，有斐阁1992年版。

铃木竹雄：《手形法·小切手法》，有斐阁1957年版。

弥永真生：《リーガルマインド手形法·小切手法》，有斐阁2007年版。

木村暎：《手形法·小切手法要论》，青林书院1992年版。

木内宜彦：《木内宜彦论文集Ⅰ手形抗弁の理论》，新青出版1995年版。

纳富义光：《手形法小切手法论》，有斐阁1941年版。

内田贵：《民法Ⅰ総则·物权総论》，东京大学出版会2005年版。

前田庸：《手形法·小切手法》，有斐阁1999年版。

前田庸：《手形法·小切手法入门》，有斐阁1983年版。

泉田荣一：《有価证券法理と手形法小切手法》，中央経済社1995年版。

三枝一雄、坂口光男、南保胜美编著：《手形·小切手法》，法律文化社2003年版。

手塚尚男：《世界の最新有価证券法理の研究》，悠々社2004年版。

水口吉藏：《手形法论》，清水书店1927年版。

松本烝治：《手形法》，中央大学1918年版。

田边光政：《手形法·小切手法》，中央経済社2007年版。

田边光政：《手形流通の法解释》，晃洋书房1976年版。

田边宏康：《手形法小切手法讲义》，成文堂2007年版。

田边宏康：《有価证券と権利の结合法理》，成文堂2002年版。

田村茂夫编：《手形法·小切手法》，嵯峨野书院1987年版。

田中耕太郎：《商法学特殊问题》（中），新青出版1998年版。

田中耕太郎：《手形法小切手法概论》，有斐阁1935年版。

丸山秀平：《商法Ⅰ——総则·商行为法/手形·小切手法》，新世社2005年版。

小桥一郎：《商法论集Ⅱ——商行为·手形（1）》，成文堂1983

年版。

小桥一郎:《手形·小切手法の基础》,成文堂1990年版。

小桥一郎:《手形行为论》,有信堂1964年版。

小桥一郎:《有价证券法の基础理论》,日本评论社1982年版。

须贺喜三郎:《手形法原论》,巖松堂书店1937年版。

伊沢孝平:《手形法·小切手法》,有斐阁1949年版。

竹内昭夫、龙田节编:《现代企业法讲座——有价证券》,东京大学出版会1985年版。

竹内昭夫编:《特别讲义商法Ⅱ》,有斐阁1995年版。

竹田省:《商法の理论と解释》,有斐阁1959年版。

庄子良男:《手形抗弁论》,信山社1998年版。

二 论文类

（一）中文论文

迟姗、焦卫:《票据行为的特征及其效力》,《经济师》2002年第2期。

邱天力:《票据行为的解释》,《山东审判》1999年第5期。

丁南、贺丹青:《民商法交易安全论》,《深圳大学学报（人文社会科学版）》2003年第6期。

丁南:《论民商法上的外观主义》,《法商研究》1997年第5期。

丁南:《权利表见理论及其法哲学基础》,《深圳大学学报（人文社会科学版）》2004年第4期。

丁南:《我国票据理论及其与票据现实交付的关系》,《当代法学》2003年第3期。

丁亚丽、王彦有:《票据行为独立性及其适用与限制》,《当代法学》2003年第12期。

董惠江：《票据无因性研究》，《政法论坛》2005 年第 1 期。

范健：《略论中国商法的时代价值》，《南京大学学报（哲学·人文科学·社会科学）》2002 年第 3 期。

傅鼎生：《票据行为无因性二题》，《法学》2005 年第 12 期。

郭雳：《形式重于实质吗——谈谈票据的文义性》，《金融法苑》2000 年第 11 期。

韩光明：《论作为法律概念的"意思表示"》，《比较法研究》2005 年第 1 期。

衡蕊：《论票据行为之无权、越权代理》，《当代法学》1999 年第 6 期。

解志国：《论意思表示错误的界定与认定》，《法制与社会发展》2000 年第 5 期。

柯昌辉：《论票据行为的独立性》，《中外法学》1999 年第 4 期。

李昕：《论票据法上外观主义的特殊表现》，《当代法学》2005 年第 5 期。

林国华：《德国民法与意思表示理论的缘起》，《理论学刊》2006 年第 5 期。

栾志红、刘霞：《试论民法中的"错误"意思表示》，《法学论坛》2000 年第 1 期。

马新彦：《论信赖规则的逻辑结构》，《吉林大学社会科学学报》2003 年第 4 期。

米健：《意思表示分析》，《法学研究》2004 年第 1 期。

钱斐、孙静：《有关票据行为的基本理论分析》，《法治论丛》2004 年第 3 期。

秦伟、刘宝玉：《论意思表示效力规则》，《河北法学》2000 年第 2 期。

邵庆平：《发票日之记载与票据解释》，《月旦法学教室》2006 年第

41 期。

孙良国：《私法上错误制度的重新构造》，《法学论坛》2006 年第 1 期。

孙鹏：《民法上信赖保护制度及其法的构成——在静的安全与交易安全之间》，《西南民族大学学报（人文社科版）》2005 年第 7 期。

唐莹：《论意思表示错误——中德民法比较研究》，《比较法研究》2004 年第 1 期。

汪世虎：《论票据行为的无因性》，《海南大学学报（人文社会科学版）》2003 年第 3 期。

王平：《浅析票据行为的意思表示》，《天津市政法管理干部学院学报》2006 年第 1 期。

王小能：《对票据无因性的再认识》，《金融法苑》2001 年第 1 期。

王艳梅：《论票据法上的权利外观理论》，《当代法学》2002 年第 12 期。

王艳梅：《票据行为性质的阐释》，《当代法学》2006 年第 5 期。

王志诚：《权利外观理论之适用要件》，《月旦法学教室》2003 年第 6 期。

夏林林：《对票据无因性原则法律适用的思考》，《法律适用》2004 年第 1 期。

徐晓：《论票据质押的权利担保与物的担保的二元性》，《当代法学》2006 年第 11 期。

杨峰：《商行为意思表示的瑕疵和表示方法问题探讨》，《长白学刊》2005 年第 1 期。

姚忠琴、吴运来：《票据行为无因性与物权行为无因性之比较》，《西南政法大学学报》2003 年第 7 期。

叶金强：《合同解释：私法自治、信赖保护与衡平考量》，《中外法学》2004 年第 4 期。

于莹、王艳梅：《票据权利善意取得三论》，《清华大学学报（哲学社会科学版）》2001年第3期。

于莹：《论票据的无因性原则及其相对性——票据无因性原则"射程距离"之思考》，《吉林大学社会科学学报》2003年第4期。

袁春湘：《意思表示解释的优越性探析》，《安徽警官职业学院学报》2002年第3期。

张澄：《试论票据行为的无因性及其相对性——兼评我国〈票据法〉第十条》，《政治与法律》2006年第1期。

张定军：《论电子合同中的意思表示》，《社会科学》2002年第12期。

张金海：《论德国民法的二元错误制度及其借鉴意义》，《河北法学》2006年第10期。

张金海：《意思表示的主观要素研究》，《中国法学》2007年第1期。

郑孟状：《票据代理中的若干法律问题探讨》，《中外法学》1999年第3期。

郑永宽：《德国私法上意思表示错误理论之分析检讨》，《政法论丛》2004年第5期。

朱广新：《意思表示错误之撤销与相对人的信赖保护》，《法律科学》2006年第4期。

朱庆育：《意思表示与法律行为》，《比较法研究》2004年第1期。

庄建伟：《试析票据的外观特性》，《法学》1998年第12期。

（二）外文论文

浜田道代：《手形行为论に関する覚书（一）——手形権利移転行为有因论批判の立场から》，《法政论集》1981年第88号。

浜田道代：《手形行为论に関する覚书（二）——手形権利移転行为有因论批判の立场から》，《法政论集》1982年第90号。

并木俊守：《手形行为の瑕疵についての疑问と考察》，《日本法学》

第 23 卷第 4 号。

稲田俊信：《手形行為の意思表示内容》，《时の法令》1970 年第 734 号。

服部栄三：《手形行為と民法》，《法学》第 27 卷第 2 号。

服部育生：《手形行為と意思表示の瑕疵》，《法学研究》第 47 卷第 3 号。

福瀧博之：《手形の文言性と権利外観理論》，《关西大学法学论集》第 45 卷第 5 号。

福瀧博之：《手形の再取得と人的抗弁》，《关西大学法学论集》第 31 卷第 2・3・4 号。

福瀧博之：《手形理論と手形意思表示論に関する覚书》，《关西大学法学论集》第 43 卷第 4 号。

福瀧博之：《手形行為についての覚书》，《关西大学法学论集》第 49 卷第 2・3 号。

福瀧博之：《手形行為の解釈について——いわゆる手形客観解釈の原則》，《关西大学法学论集》第 35 卷第 3・4・5 号。

高木正则：《手形行為における意思の欠缺・意思表示の瑕疵》，《法律论业》第 74 卷第 6 号。

関俊彦：《手形理論のあり方》，《法学》第 65 卷第 5 号。

河村浩：《瑕疵ある手形意思表示を規律する法的ルールに関する一考察——民法理論と政策論の視点から》，《立命馆法学》2005 年第 6 号。

金汶在：《권한을 초과한 어음행위의 대리에 관한 새로운 해석론》，《商事法研究》第 13 辑。

李槿洙：《어음의 선의취득과 어음행위 독립의 원칙》，《考试界》第 97 卷第 11 号。

李钟常：《他人의 명의 사용한 어음행위》，《考试界》第 90 卷第

10号。

菱田政宏:《手形の作成、署名と取得》,《关西大学法学论集》第31卷第2·3·4号。

菱田政宏:《手形行为と意思表示の瑕疵》,《关西大学法学论集》第32卷第3·4·5号。

铃木竹雄:《手形行为の解釈(一)》,《法学协会杂志》第80卷第2号。

木村暎:《手形证券の流通性を中心とする意思表示规定の解释》,《高崎经济大学论集》第1卷第1号。

平出庆道:《手形行为と意思表示の瑕疵》,《ロースクール》第43号。

平出庆道:《手形行为の特殊性と手形理论(2)》,《ロースクール》第39号。

朴灿柱:《어음행위의解释》,《司法行政》总卷第321号。

全遇贤:《어음행위의客观的 解释》,《비교사법》第9卷第1号。

尾崎安央:《统一手形用纸制度のもとにおける手形债务の成立と手形债务者——手形行为における意思表示の瑕疵、欠缺をめぐる议论を手がかりに》,《早稻田法学》第74卷第1号。

小桥一郎:《手形理论と手形抗弁》,《民商法雜志》第83卷第1号。

小松俊雄:《手形行为の瑕疵についての一考察》,《法律论丛》第35卷第4·5·6号。

原田义郎:《手形行为の成立:手形理论》,《日本女子经济短期大学研究论集》第10卷第1号。

庄子良男:《二段阶手形行为说の再构成》,《千叶大学法学论集》第6卷第1号。

附录一　中华人民共和国票据法

（1995年5月10日第八届全国人民代表大会常务委员会第十三次会议通过　根据2004年8月28日第十届全国人民代表大会常务委员会第十一次会议《关于修改〈中华人民共和国票据法〉的决定》修正）

第一章　总则

第一条　为了规范票据行为，保障票据活动中当事人的合法权益，维护社会经济秩序，促进社会主义市场经济的发展，制定本法。

第二条　在中华人民共和国境内的票据活动，适用本法。

本法所称票据，是指汇票、本票和支票。

第三条　票据活动应当遵守法律、行政法规，不得损害社会公共利益。

第四条　票据出票人制作票据，应当按照法定条件在票据上签章，并按照所记载的事项承担票据责任。

持票人行使票据权利，应当按照法定程序在票据上签章，并出示票据。

其他票据债务人在票据上签章的，按照票据所记载的事项承担票据责任。

本法所称票据权利，是指持票人向票据债务人请求支付票据金额的权利,包括付款请求权和追索权。

本法所称票据责任,是指票据债务人向持票人支付票据金额的义务。

第五条 票据当事人可以委托其代理人在票据上签章,并应当在票据上表明其代理关系。

没有代理权而以代理人名义在票据上签章的,应当由签章人承担票据责任;代理人超越代理权限的,应当就其超越权限的部分承担票据责任。

第六条 无民事行为能力人或者限制民事行为能力人在票据上签章的,其签章无效,但是不影响其他签章的效力。

第七条 票据上的签章,为签名、盖章或者签名加盖章。

法人和其他使用票据的单位在票据上的签章,为该法人或者该单位的盖章加其法定代表人或者其授权的代理人的签章。

在票据上的签名,应当为该当事人的本名。

第八条 票据金额以中文大写和数码同时记载,二者必须一致,二者不一致的,票据无效。

第九条 票据上的记载事项必须符合本法的规定。

票据金额、日期、收款人名称不得更改,更改的票据无效。

对票据上的其他记载事项,原记载人可以更改,更改时应当由原记载人签章证明。

第十条 票据的签发、取得和转让,应当遵循诚实信用的原则,具有真实的交易关系和债权债务关系。

票据的取得,必须给付对价,即应当给付票据双方当事人认可的相对应的代价。

第十一条 因税收、继承、赠与可以依法无偿取得票据的,不受给付对价的限制。但是,所享有的票据权利不得优于其前手的权利。

前手是指在票据签章人或者持票人之前签章的其他票据债务人。

第十二条 以欺诈、偷盗或者胁迫等手段取得票据的，或者明知有前列情形，出于恶意取得票据的，不得享有票据权利。

持票人因重大过失取得不符合本法规定的票据的，也不得享有票据权利。

第十三条 票据债务人不得以自己与出票人或者与持票人的前手之间的抗辩事由，对抗持票人。但是，持票人明知存在抗辩事由而取得票据的除外。

票据债务人可以对不履行约定义务的与自己有直接债权债务关系的持票人，进行抗辩。

本法所称抗辩，是指票据债务人根据本法规定对票据债权人拒绝履行义务的行为。

第十四条 票据上的记载事项应当真实，不得伪造、变造。伪造、变造票据上的签章和其他记载事项的，应当承担法律责任。

票据上有伪造、变造的签章的，不影响票据上其他真实签章的效力。

票据上其他记载事项被变造的，在变造之前签章的人，对原记载事项负责；在变造之后签章的人，对变造之后的记载事项负责；不能辨别是在票据被变造之前或者之后签章的，视同在变造之前签章。

第十五条 票据丧失，失票人可以及时通知票据的付款人挂失止付，但是，未记载付款人或者无法确定付款人及其代理付款人的票据除外。

收到挂失止付通知的付款人，应当暂停支付。

失票人应当在通知挂失止付后三日内，也可以在票据丧失后，依法向人民法院申请公示催告，或者向人民法院提起诉讼。

第十六条 持票人对票据债务人行使票据权利，或者保全票据权利，应当在票据当事人的营业场所和营业时间内进行，票据当事人无营业场所的，应当在其住所进行。

第十七条　票据权利在下列期限内不行使而消灭：

（一）持票人对票据的出票人和承兑人的权利，自票据到期日起二年。见票即付的汇票、本票，自出票日起二年；

（二）持票人对支票出票人的权利，自出票日起六个月；

（三）持票人对前手的追索权，自被拒绝承兑或者被拒绝付款之日起六个月；

（四）持票人对前手的再追索权，自清偿日或者被提起诉讼之日起三个月。

票据的出票日、到期日由票据当事人依法确定。

第十八条　持票人因超过票据权利时效或者因票据记载事项欠缺而丧失票据权利的，仍享有民事权利，可以请求出票人或者承兑人返还其与未支付的票据金额相当的利益。

第二章　汇票

第一节　出票

第十九条　汇票是出票人签发的，委托付款人在见票时或者在指定日期无条件支付确定的金额给收款人或者持票人的票据。

汇票分为银行汇票和商业汇票。

第二十条　出票是指出票人签发票据并将其交付给收款人的票据行为。

第二十一条　汇票的出票人必须与付款人具有真实的委托付款关系，并且具有支付汇票金额的可靠资金来源。

不得签发无对价的汇票用以骗取银行或者其他票据当事人的资金。

第二十二条　汇票必须记载下列事项：

（一）表明"汇票"的字样；

（二）无条件支付的委托；

（三）确定的金额；

（四）付款人名称；

（五）收款人名称；

（六）出票日期；

（七）出票人签章。

汇票上未记载前款规定事项之一的，汇票无效。

第二十三条 汇票上记载付款日期、付款地、出票地等事项的，应当清楚、明确。

汇票上未记载付款日期的，为见票即付。

汇票上未记载付款地的，付款人的营业场所、住所或者经常居住地为付款地。

汇票上未记载出票地的，出票人的营业场所、住所或者经常居住地为出票地。

第二十四条 汇票上可以记载本法规定事项以外的其他出票事项，但是该记载事项不具有汇票上的效力。

第二十五条 付款日期可以按照下列形式之一记载：

（一）见票即付；

（二）定日付款；

（三）出票后定期付款；

（四）见票后定期付款。

前款规定的付款日期为汇票到期日。

第二十六条 出票人签发汇票后，即承担保证该汇票承兑和付款的责任。出票人在汇票得不到承兑或者付款时，应当向持票人清偿本法第七十条、第七十一条规定的金额和费用。

第二节 背书

第二十七条 持票人可以将汇票权利转让给他人或者将一定的汇

票权利授予他人行使。

出票人在汇票上记载"不得转让"字样的，汇票不得转让。

持票人行使第一款规定的权利时，应当背书并交付汇票。

背书是指在票据背面或者粘单上记载有关事项并签章的票据行为。

第二十八条 票据凭证不能满足背书人记载事项的需要，可以加附粘单，粘附于票据凭证上。

粘单上的第一记载人，应当在汇票和粘单的粘接处签章。

第二十九条 背书由背书人签章并记载背书日期。

背书未记载日期的，视为在汇票到期日前背书。

第三十条 汇票以背书转让或者以背书将一定的汇票权利授予他人行使时，必须记载被背书人名称。

第三十一条 以背书转让的汇票，背书应当连续。持票人以背书的连续，证明其汇票权利；非经背书转让，而以其他合法方式取得汇票的，依法举证，证明其汇票权利。

前款所称背书连续，是指在票据转让中，转让汇票的背书人与受让汇票的被背书人在汇票上的签章依次前后衔接。

第三十二条 以背书转让的汇票，后手应当对其直接前手背书的真实性负责。

后手是指在票据签章人之后签章的其他票据债务人。

第三十三条 背书不得附有条件。背书时附有条件的，所附条件不具有汇票上的效力。

将汇票金额的一部分转让的背书或者将汇票金额分别转让给二人以上的背书无效。

第三十四条 背书人在汇票上记载"不得转让"字样，其后手再背书转让的，原背书人对后手的被背书人不承担保证责任。

第三十五条 背书记载"委托收款"字样的，被背书人有权代背书人行使被委托的汇票权利。但是，被背书人不得再以背书转让汇票权利。

汇票可以设定质押；质押时应当以背书记载"质押"字样。被背书人依法实现其质权时，可以行使汇票权利。

第三十六条　汇票被拒绝承兑、被拒绝付款或者超过付款提示期限的，不得背书转让；背书转让的，背书人应当承担汇票责任。

第三十七条　背书人以背书转让汇票后，即承担保证其后手所持汇票承兑和付款的责任。背书人在汇票得不到承兑或者付款时，应当向持票人清偿本法第七十条、第七十一条规定的金额和费用。

第三节　承兑

第三十八条　承兑是指汇票付款人承诺在汇票到期日支付汇票金额的票据行为。

第三十九条　定日付款或者出票后定期付款的汇票，持票人应当在汇票到期日前向付款人提示承兑。

提示承兑是指持票人向付款人出示汇票，并要求付款人承诺付款的行为。

第四十条　见票后定期付款的汇票，持票人应当自出票日起一个月内向付款人提示承兑。

汇票未按照规定期限提示承兑的，持票人丧失对其前手的追索权。

见票即付的汇票无需提示承兑。

第四十一条　付款人对向其提示承兑的汇票，应当自收到提示承兑的汇票之日起三日内承兑或者拒绝承兑。

付款人收到持票人提示承兑的汇票时，应当向持票人签发收到汇票的回单。回单上应当记明汇票提示承兑日期并签章。

第四十二条　付款人承兑汇票的，应当在汇票正面记载"承兑"

字样和承兑日期并签章；见票后定期付款的汇票，应当在承兑时记载付款日期。

汇票上未记载承兑日期的，以前条第一款规定期限的最后一日为承兑日期。

第四十三条 付款人承兑汇票，不得附有条件；承兑附有条件的，视为拒绝承兑。

第四十四条 付款人承兑汇票后，应当承担到期付款的责任。

第四节 保证

第四十五条 汇票的债务可以由保证人承担保证责任。

保证人由汇票债务人以外的他人担当。

第四十六条 保证人必须在汇票或者粘单上记载下列事项：

（一）表明"保证"的字样；

（二）保证人名称和住所；

（三）被保证人的名称；

（四）保证日期；

（五）保证人签章。

第四十七条 保证人在汇票或者粘单上未记载前条第（三）项的，已承兑的汇票，承兑人为被保证人；未承兑的汇票，出票人为被保证人。

保证人在汇票或者粘单上未记载前条第（四）项的，出票日期为保证日期。

第四十八条 保证不得附有条件；附有条件的，不影响对汇票的保证责任。

第四十九条 保证人对合法取得汇票的持票人所享有的汇票权利，承担保证责任。但是，被保证人的债务因汇票记载事项欠缺而无效的除外。

第五十条 被保证的汇票，保证人应当与被保证人对持票人承担连带责任。汇票到期后得不到付款的，持票人有权向保证人请求付款，保证人应当足额付款。

第五十一条 保证人为二人以上的，保证人之间承担连带责任。

第五十二条 保证人清偿汇票债务后，可以行使持票人对被保证人及其前手的追索权。

第五节 付款

第五十三条 持票人应当按照下列期限提示付款：

（一）见票即付的汇票，自出票日起一个月内向付款人提示付款；

（二）定日付款、出票后定期付款或者见票后定期付款的汇票，自到期日起十日内向承兑人提示付款。

持票人未按照前款规定期限提示付款的，在作出说明后，承兑人或者付款人仍应当继续对持票人承担付款责任。

通过委托收款银行或者通过票据交换系统向付款人提示付款的，视同持票人提示付款。

第五十四条 持票人依照前条规定提示付款的，付款人必须在当日足额付款。

第五十五条 持票人获得付款的，应当在汇票上签收，并将汇票交给付款人。持票人委托银行收款的，受委托的银行将代收的汇票金额转账收入持票人账户，视同签收。

第五十六条 持票人委托的收款银行的责任，限于按照汇票上记载事项将汇票金额转入持票人账户。

付款人委托的付款银行的责任，限于按照汇票上记载事项从付款人账户支付汇票金额。

第五十七条 付款人及其代理付款人付款时，应当审查汇票背书的连续，并审查提示付款人的合法身份证明或者有效证件。

付款人及其代理付款人以恶意或者重大过失付款的,应当自行承担责任。

第五十八条 对定日付款、出票后定期付款或者见票后定期付款的汇票,付款人在到期日前付款的,由付款人自行承担所产生的责任。

第五十九条 汇票金额为外币的,按照付款日的市场汇价,以人民币支付。

汇票当事人对汇票支付的货币种类另有约定的,从其约定。

第六十条 付款人依法足额付款后,全体汇票债务人的责任解除。

第六节 追索权

第六十一条 汇票到期被拒绝付款的,持票人可以对背书人、出票人以及汇票的其他债务人行使追索权。

汇票到期日前,有下列情形之一的,持票人也可以行使追索权:

(一) 汇票被拒绝承兑的;

(二) 承兑人或者付款人死亡、逃匿的;

(三) 承兑人或者付款人被依法宣告破产的或者因违法被责令终止业务活动的。

第六十二条 持票人行使追索权时,应当提供被拒绝承兑或者被拒绝付款的有关证明。

持票人提示承兑或者提示付款被拒绝的,承兑人或者付款人必须出具拒绝证明,或者出具退票理由书。未出具拒绝证明或者退票理由书的,应当承担由此产生的民事责任。

第六十三条 持票人因承兑人或者付款人死亡、逃匿或者其他原因,不能取得拒绝证明的,可以依法取得其他有关证明。

第六十四条 承兑人或者付款人被人民法院依法宣告破产的,人民法院的有关司法文书具有拒绝证明的效力。

承兑人或者付款人因违法被责令终止业务活动的，有关行政主管部门的处罚决定具有拒绝证明的效力。

第六十五条 持票人不能出示拒绝证明、退票理由书或者未按照规定期限提供其他合法证明的，丧失对其前手的追索权。但是，承兑人或者付款人仍应当对持票人承担责任。

第六十六条 持票人应当自收到被拒绝承兑或者被拒绝付款的有关证明之日起三日内，将被拒绝事由书面通知其前手；其前手应当自收到通知之日起三日内书面通知其再前手。持票人也可以同时向各汇票债务人发出书面通知。

未按照前款规定期限通知的，持票人仍可以行使追索权。因延期通知给其前手或者出票人造成损失的，由没有按照规定期限通知的汇票当事人，承担对该损失的赔偿责任，但是所赔偿的金额以汇票金额为限。

在规定期限内将通知按照法定地址或者约定的地址邮寄的，视为已经发出通知。

第六十七条 依照前条第一款所作的书面通知，应当记明汇票的主要记载事项，并说明该汇票已被退票。

第六十八条 汇票的出票人、背书人、承兑人和保证人对持票人承担连带责任。

持票人可以不按照汇票债务人的先后顺序，对其中任何一人、数人或者全体行使追索权。

持票人对汇票债务人中的一人或者数人已经进行追索的，对其他汇票债务人仍可以行使追索权。被追索人清偿债务后，与持票人享有同一权利。

第六十九条 持票人为出票人的，对其前手无追索权。持票人为背书人的，对其后手无追索权。

第七十条　持票人行使追索权,可以请求被追索人支付下列金额和费用:

（一）被拒绝付款的汇票金额;

（二）汇票金额自到期日或者提示付款日起至清偿日止,按照中国人民银行规定的利率计算的利息;

（三）取得有关拒绝证明和发出通知书的费用。

被追索人清偿债务时,持票人应当交出汇票和有关拒绝证明,并出具所收到利息和费用的收据。

第七十一条　被追索人依照前条规定清偿后,可以向其他汇票债务人行使再追索权,请求其他汇票债务人支付下列金额和费用:

（一）已清偿的全部金额;

（二）前项金额自清偿日起至再追索清偿日止,按照中国人民银行规定的利率计算的利息;

（三）发出通知书的费用。

行使再追索权的被追索人获得清偿时,应当交出汇票和有关拒绝证明,并出具所收到利息和费用的收据。

第七十二条　被追索人依照前二条规定清偿债务后,其责任解除。

第三章　本票

第七十三条　本票是出票人签发的,承诺自己在见票时无条件支付确定的金额给收款人或者持票人的票据。

本法所称本票,是指银行本票。

第七十四条　本票的出票人必须具有支付本票金额的可靠资金来源,并保证支付。

第七十五条　本票必须记载下列事项:

（一）表明"本票"的字样；

（二）无条件支付的承诺；

（三）确定的金额；

（四）收款人名称；

（五）出票日期；

（六）出票人签章。

本票上未记载前款规定事项之一的，本票无效。

第七十六条 本票上记载付款地、出票地等事项的，应当清楚、明确。

本票上未记载付款地的，出票人的营业场所为付款地。

本票上未记载出票地的，出票人的营业场所为出票地。

第七十七条 本票的出票人在持票人提示见票时，必须承担付款的责任。

第七十八条 本票自出票日起，付款期限最长不得超过二个月。

第七十九条 本票的持票人未按照规定期限提示见票的，丧失对出票人以外的前手的追索权。

第八十条 本票的背书、保证、付款行为和追索权的行使，除本章规定外，适用本法第二章有关汇票的规定。

本票的出票行为，除本章规定外，适用本法第二十四条关于汇票的规定。

第四章 支票

第八十一条 支票是出票人签发的，委托办理支票存款业务的银行或者其他金融机构在见票时无条件支付确定的金额给收款人或者持票人的票据。

第八十二条 开立支票存款账户，申请人必须使用其本名，并提交证明其身份的合法证件。

开立支票存款账户和领用支票,应当有可靠的资信,并存入一定的资金。

开立支票存款账户,申请人应当预留其本名的签名式样和印鉴。

第八十三条 支票可以支取现金,也可以转账,用于转账时,应当在支票正面注明。

支票中专门用于支取现金的,可以另行制作现金支票,现金支票只能用于支取现金。

支票中专门用于转账的,可以另行制作转账支票,转账支票只能用于转账,不得支取现金。

第八十四条 支票必须记载下列事项:

(一)表明"支票"的字样;

(二)无条件支付的委托;

(三)确定的金额;

(四)付款人名称;

(五)出票日期;

(六)出票人签章。

支票上未记载前款规定事项之一的,支票无效。

第八十五条 支票上的金额可以由出票人授权补记,未补记前的支票,不得使用。

第八十六条 支票上未记载收款人名称的,经出票人授权,可以补记。

支票上未记载付款地的,付款人的营业场所为付款地。

支票上未记载出票地的,出票人的营业场所、住所或者经常居住地为出票地。

出票人可以在支票上记载自己为收款人。

第八十七条 支票的出票人所签发的支票金额不得超过其付款时

在付款人处实有的存款金额。

出票人签发的支票金额超过其付款时在付款人处实有的存款金额的，为空头支票。禁止签发空头支票。

第八十八条　支票的出票人不得签发与其预留本名的签名式样或者印鉴不符的支票。

第八十九条　出票人必须按照签发的支票金额承担保证向该持票人付款的责任。

出票人在付款人处的存款足以支付支票金额时，付款人应当在当日足额付款。

第九十条　支票限于见票即付，不得另行记载付款日期。另行记载付款日期的，该记载无效。

第九十一条　支票的持票人应当自出票日起十日内提示付款；异地使用的支票，其提示付款的期限由中国人民银行另行规定。

超过提示付款期限的，付款人可以不予付款；付款人不予付款的，出票人仍应当对持票人承担票据责任。

第九十二条　付款人依法支付支票金额的，对出票人不再承担受委托付款的责任，对持票人不再承担付款的责任。但是，付款人以恶意或者有重大过失付款的除外。

第九十三条　支票的背书、付款行为和追索权的行使，除本章规定外，适用本法第二章有关汇票的规定。

支票的出票行为，除本章规定外，适用本法第二十四条、第二十六条关于汇票的规定。

第五章　涉外票据的法律适用

第九十四条　涉外票据的法律适用，依照本章的规定确定。

前款所称涉外票据，是指出票、背书、承兑、保证、付款等行为中，既有发生在中华人民共和国境内又有发生在中华人民共和国境外的票据。

第九十五条 中华人民共和国缔结或者参加的国际条约同本法有不同规定的，适用国际条约的规定。但是，中华人民共和国声明保留的条款除外。

本法和中华人民共和国缔结或者参加的国际条约没有规定的，可以适用国际惯例。

第九十六条 票据债务人的民事行为能力，适用其本国法律。

票据债务人的民事行为能力，依照其本国法律为无民事行为

能力或者为限制民事行为能力而依照行为地法律为完全民事行为能力的，适用行为地法律。

第九十七条 汇票、本票出票时的记载事项，适用出票地法律。

支票出票时的记载事项，适用出票地法律，经当事人协议，也可以适用付款地法律。

第九十八条 票据的背书、承兑、付款和保证行为，适用行为地法律。

第九十九条 票据追索权的行使期限，适用出票地法律。

第一百条 票据的提示期限、有关拒绝证明的方式、出具拒绝证明的期限，适用付款地法律。

第一百零一条 票据丧失时，失票人请求保全票据权利的程序，适用付款地法律。

第六章 法律责任

第一百零二条 有下列票据欺诈行为之一的，依法追究刑事责任：

（一）伪造、变造票据的；

（二）故意使用伪造、变造的票据的；

（三）签发空头支票或者故意签发与其预留的本名签名式样或者印鉴不符的支票，骗取财物的；

（四）签发无可靠资金来源的汇票、本票，骗取资金的；

（五）汇票、本票的出票人在出票时作虚假记载，骗取财物的；

（六）冒用他人的票据，或者故意使用过期或者作废的票据，骗取财物的；

（七）付款人同出票人、持票人恶意串通，实施前六项所列行为之一的。

第一百零三条 有前条所列行为之一，情节轻微，不构成犯罪的，依照国家有关规定给予行政处罚。

第一百零四条 金融机构工作人员在票据业务中玩忽职守，对违反本法规定的票据予以承兑、付款或者保证的，给予处分；造成重大损失，构成犯罪的，依法追究刑事责任。

由于金融机构工作人员因前款行为给当事人造成损失的，由该金融机构和直接责任人员依法承担赔偿责任。

第一百零五条 票据的付款人对见票即付或者到期的票据，故意压票，拖延支付的，由金融行政管理部门处以罚款，对直接责任人员给予处分。

票据的付款人故意压票，拖延支付，给持票人造成损失的，依法承担赔偿责任。

第一百零六条 依照本法规定承担赔偿责任以外的其他违反本法规定的行为，给他人造成损失的，应当依法承担民事责任。

第七章 附则

第一百零七条 本法规定的各项期限的计算，适用民法通则关于计算期间的规定。

按月计算期限的，按到期月的对日计算；无对日的，月末日为到期日。

第一百零八条 汇票、本票、支票的格式应当统一。

票据凭证的格式和印制管理办法，由中国人民银行规定。

第一百零九条 票据管理的具体实施办法，由中国人民银行依照本法制定，报国务院批准后施行。

第一百一十条 本法自1996年1月1日起施行。

附录二 最高人民法院关于审理票据纠纷案件若干问题的规定

最高人民法院关于审理票据纠纷案件若干问题的规定（2000年2月24日由最高人民法院审判委员会第1102次会议通过，现予公布，自2000年11月21日起施行）

为了正确适用《中华人民共和国票据法》（以下简称票据法），公正、及时审理票据纠纷案件，保护票据当事人的合法权益，维护金融秩序和金融安全，根据票据法及其他有关法律的规定，结合审判实践，现对人民法院审理票据纠纷案件的若干问题规定如下：

一 受理和管辖

第一条 因行使票据权利或者票据法上的非票据权利而引起的纠纷，人民法院应当依法受理。

第二条 依照票据法第十条的规定，票据债务人（即出票人）以在票据未转让时的基础关系违法、双方不具有真实的交易关系和债权债务关系、持票人应付对价而未付对价为由，要求返还票据而提起诉讼的，人民法院应当依法受理。

第三条 依照票据法第三十六条的规定，票据被拒绝承兑、被拒绝付款或者汇票、支票超过提示付款期限后，票据持有人背书转让的，被背书人以背书人为被告行使追索权而提起诉讼的，人民法院应当依法受理。

第四条 持票人不先行使付款请求权而先行使追索权遭拒绝提起诉讼的,人民法院不予受理。除有票据法第六十一条第二款和本规定第三条所列情形外,持票人只能在首先向付款人行使付款请求权而得不到付款时,才可以行使追索权。

第五条 付款请求权是持票人享有的第一顺序权利,追索权是持票人享有的第二顺序权利,即汇票到期被拒绝付款或者具有票据法第六十一条第二款所列情形的,持票人请求背书人、出票人以及汇票的其他债务人支付票据法第七十条第一款所列金额和费用的权利。

第六条 因票据权利纠纷提起的诉讼,依法由票据支付地或者被告住所地人民法院管辖。

票据支付地是指票据上载明的付款地,票据上未载明付款地的,汇票付款人或者代理付款人的营业场所、住所或者经常居住地,本票出票人的营业场所,支票付款人或者代理付款人的营业场所所在地为票据付款地。代理付款人即付款人的委托代理人,是指根据付款人的委托代为支付票据金额的银行、信用合作社等金融机构。

第七条 因非票据权利纠纷提起的诉讼,依法由被告住所地人民法院管辖。

二 票据保全

第八条 人民法院在审理、执行票据纠纷案件时,对具有下列情形之一的票据,经当事人申请并提供担保,可以依法采取保全措施或者执行措施:

(一)不履行约定义务,与票据债务人有直接债权债务关系的票据当事人所持有的票据;

(二)持票人恶意取得的票据;

（三）应付对价而未付对价的持票人持有的票据；

（四）记载有"不得转让"字样而用于贴现的票据；

（五）记载有"不得转让"字样而用于质押的票据；

（六）法律或者司法解释规定有其他情形的票据。

三 举证责任

第九条 票据诉讼的举证责任由提出主张的一方当事人承担。

依照票据法第四条第二款、第十条、第十二条、第二十一条的规定，向人民法院提起诉讼的持票人有责任提供诉争票据。该票据的出票、承兑、交付、背书转让涉嫌欺诈、偷盗、胁迫、恐吓、暴力等非法行为的，持票人对持票的合法性应当负责举证。

第十条 票据债务人依照票据法第十三条的规定，对与其有直接债权债务关系的持票人提出抗辩，人民法院合并审理票据关系和基础关系的，持票人应当提供相应的证据证明已经履行了约定义务。

第十一条 付款人或者承兑人被人民法院依法宣告破产的，持票人因行使追索权而向人民法院提起诉讼时，应当向受理法院提供人民法院依法作出的宣告破产裁定书或者能够证明付款人或者承兑人破产的其他证据。

第十二条 在票据诉讼中，负有举证责任的票据当事人应当在一审人民法院法庭辩论结束以前提供证据。因客观原因不能在上述举证期限以内提供的，应当在举证期限届满以前向人民法院申请延期。延长的期限由人民法院根据案件的具体情况决定。

票据当事人在一审人民法院审理期间隐匿票据、故意有证不举，应当承担相应的诉讼后果。

四 票据权利及抗辩

第十三条 票据法第十七条第一款第（一）、（二）项规定的持票人对票据的出票人和承兑人的权利，包括付款请求权和追索权。

第十四条 票据债务人以票据法第十条、第二十一条的规定为由，对业经背书转让票据的持票人进行抗辩的，人民法院不予支持。

第十五条 票据债务人依照票据法第十二条、第十三条的规定，对持票人提出下列抗辩的，人民法院应予支持：

（一）与票据债务人有直接债权债务关系并且不履行约定义务的；

（二）以欺诈、偷盗或者胁迫等非法手段取得票据，或者明知有前列情形，出于恶意取得票据的；

（三）明知票据债务人与出票人或者与持票人的前手之间存在抗辩事由而取得票据的；

（四）因重大过失取得票据的；

（五）其他依法不得享有票据权利的。

第十六条 票据债务人依照票据法第九条、第十七条、第十八条、第二十二条和第三十一条的规定，对持票人提出下列抗辩的，人民法院应予支持：

（一）欠缺法定必要记载事项或者不符合法定格式的；

（二）超过票据权利时效的；

（三）人民法院作出的除权判决已经发生法律效力的；

（四）以背书方式取得但背书不连续的；

（五）其他依法不得享有票据权利的。

第十七条 票据出票人或者背书人被宣告破产的，而付款人或承兑人不知其事实而付款或者承兑，因此所产生的追索权可以登记为破产债权，付款人或者承兑人为债权人。

第十八条 票据法第十七条第一款第（三）、（四）项规定的持票人对前手的追索权，不包括对票据出票人的追索权。

第十九条 票据法第四十条第二款和第六十五条规定的持票人丧失对其前手的追索权，不包括对票据出票人的追索权。

第二十条 票据法第十七条规定的票据权利时效发生中断的，只对发生时效中断事由的当事人有效。

第二十一条 票据法第六十六条第一款规定的书面通知是否逾期，以持票人或者其前手发出书面通知之日为准；以信函通知的，以信函投寄邮戳记载之日为准。

第二十二条 票据法第七十条、第七十一条所称中国人民银行规定的利率，是指中国人民银行规定的企业同期流动资金贷款利率。

第二十三条 代理付款人在人民法院公示催告公告发布以前按照规定程序善意付款后，承兑人或者付款人以已经公示催告为由拒付代理付款人已经垫付的款项的，人民法院不予支持。

五 失票救济

第二十四条 票据丧失后，失票人直接向人民法院申请公示催告或者提起诉讼的，人民法院应当依法受理。

第二十五条 出票人已经签章的授权补记的支票丧失后，失票人依法向人民法院申请公示催告的，人民法院应当依法受理。

第二十六条 票据法第十五条第三款规定的可以申请公示催告的失票人，是指按照规定可以背书转让的票据在丧失票据占有以前的最后合法持票人。

第二十七条 出票人已经签章但未记载代理付款人的银行汇票丧失后，失票人依法向付款人即出票银行所在地人民法院申请公示催告的，人民法院应当依法受理。

第二十八条 超过付款提示期限的票据丧失以后，失票人申请公示催告的，人民法院应当依法受理。

第二十九条 失票人通知票据付款人挂失止付后三日内向人民法院申请公示催告的，公示催告申请书应当载明下列内容：

（一）票面金额；

（二）出票人、持票人、背书人；

（三）申请的理由、事实；

（四）通知票据付款人或者代理付款人挂失止付的时间；

（五）付款人或者代理付款人的名称、通信地址、电话号码等。

第三十条 人民法院决定受理公示催告申请，应当同时通知付款人及代理付款人停止支付，并自立案之日起三日内发出公告。

第三十一条 付款人或者代理付款人收到人民法院发出的止付通知，应当立即停止支付，直至公示催告程序终结。非经发出止付通知的人民法院许可擅自解付的，不得免除票据责任。

第三十二条 人民法院决定受理公示催告申请后发布的公告应当在全国性的报刊上登载。

第三十三条 依照《中华人民共和国民事诉讼法》（以下简称民事诉讼法）第一百九十四条的规定，公示催告的期间，国内票据自公告发布之日起六十日，涉外票据可根据具体情况适当延长，但最长不得超过九十日。

第三十四条 依照民事诉讼法第一百九十五条第二款的规定，在公示催告期间，以公示催告的票据质押、贴现，因质押、贴现而接受该票据的持票人主张票据权利的，人民法院不予支持，但公示催告期间届满以后人民法院作出除权判决以前取得该票据的除外。

第三十五条 票据丧失后，失票人在票据权利时效届满以前请求出票人补发票据，或者请求债务人付款，在提供相应担保的情况下因债务人拒绝付款或者出票人拒绝补发票据提起诉讼的，由被告住所地或者票据支付地人民法院管辖。

第三十六条 失票人因请求出票人补发票据或者请求债务人付款遭到拒绝而向人民法院提起诉讼的，被告为与失票人具有票据债权债务关系的出票人、拒绝付款的票据付款人或者承兑人。

第三十七条 失票人为行使票据所有权，向非法持有票据人请求返还票据的，人民法院应当依法受理。

第三十八条 失票人向人民法院提起诉讼的，除向人民法院说明曾经持有票据及丧失票据的情形外，还应当提供担保。担保的数额相当于票据载明的金额。

第三十九条 对于伪报票据丧失的当事人，人民法院在查明事实，裁定终结公示催告或者诉讼程序后，可以参照民事诉讼法第一百零二条的规定，追究伪报人的法律责任。

六 票据效力

第四十条 依照票据法第一百零九条以及经国务院批准的《票据管理实施办法》的规定，票据当事人使用的不是中国人民银行规定的统一格式票据的，按照《票据管理实施办法》的规定认定，但在中国境外签发的票据除外。

第四十一条 票据出票人在票据上的签章上不符合票据法以及下述规定的，该签章不具有票据法上的效力：

（一）商业汇票上的出票人的签章，为该法人或者该单位的财务专用章或者公章加其法定代表人、单位负责人或者其授权的代理人的签名或者盖章；

（二）银行汇票上的出票人的签章和银行承兑汇票的承兑人的签章，为该银行汇票专用章加其法定代表人或者其授权的代理人的签名或者盖章；

（三）银行本票上的出票人的签章，为该银行的本票专用章加其法定代表人或者其授权的代理人的签名或者盖章；

（四）支票上的出票人的签章，出票人为单位的，为与该单位在银行预留签章一致的财务专用章或者公章加其法定代表人或者其授权的代理人的签名或者盖章；出票人为个人的，为与该个人在银行预留签章一致的签名或者盖章。

第四十二条　银行汇票、银行本票的出票人以及银行承兑汇票的承兑人在票据上未加盖规定的专用章而加盖该银行的公章，支票的出票人在票据上未加盖与该单位在银行预留签章一致的财务专用章而加盖该出票人公章的，签章人应当承担票据责任。

第四十三条　依照票据法第九条以及《票据管理实施办法》的规定，票据金额的中文大写与数码不一致，或者票据载明的金额、出票日期或者签发日期、收款人名称更改，或者违反规定加盖银行部门印章代替专用章，付款人或者代理付款人对此类票据付款的，应当承担责任。

第四十四条　因更改银行汇票的实际结算金额引起纠纷而提起诉讼，当事人请求认定汇票效力的，人民法院应当认定该银行汇票无效。

第四十五条　空白授权票据的持票人行使票据权利时未对票据必须记载事项补充完全，因付款人或者代理付款人拒绝接收该票据而提起诉讼的，人民法院不予支持。

第四十六条　票据的背书人、承兑人、保证人在票据上的签章不符合票据法以及《票据管理实施办法》规定的，或者无民事行为能力人、限制民事行为能力人在票据上签章的，其签章无效，但不影响人民法院对票据上其他签章效力的认定。

七 票据背书

第四十七条 因票据质权人以质押票据再行背书质押或者背书转让引起纠纷而提起诉讼的，人民法院应当认定背书行为无效。

第四十八条 依照票据法第二十七条的规定，票据的出票人在票据上记载"不得转让"字样，票据持有人背书转让的，背书行为无效。背书转让后的受让人不得享有票据权利，票据的出票人、承兑人对受让人不承担票据责任。

第四十九条 依照票据法第二十七条和第三十条的规定，背书人未记载被背书人名称即将票据交付他人的，持票人在票据被背书人栏内记载自己的名称与背书人记载具有同等法律效力。

第五十条 依照票据法第三十一条的规定，连续背书的第一背书人应当是在票据上记载的收款人，最后的票据持有人应当是最后一次背书的被背书人。

第五十一条 依照票据法第三十四条和第三十五条的规定，背书人在票据上记载"不得转让"、"委托收款"、"质押"字样，其后手再背书转让、委托收款或者质押的，原背书人对后手的被背书人不承担票据责任，但不影响出票人、承兑人以及原背书人之前手的票据责任。

第五十二条 依照票据法第五十七条第二款的规定，贷款人恶意或者有重大过失从事票据质押贷款的，人民法院应当认定质押行为无效。

第五十三条 依照票据法第二十七条的规定，出票人在票据上记载"不得转让"字样，其后手以此票据进行贴现、质押的，通过贴现、质押取得票据的持票人主张票据权利的，人民法院不予支持。

第五十四条 依照票据法第三十四条和第三十五条的规定，背书人在票据上记载"不得转让"字样，其后手以此票据进行贴现、质押的，原背书人对后手的被背书人不承担票据责任。

第五十五条 依照票据法第三十五条第二款的规定，以汇票设定质押时，出质人在汇票上只记载了"质押"字样未在票据上签章的，或者出质人未在汇票、粘单上记载"质押"字样而另行签订质押合同、质押条款的，不构成票据质押。

第五十六条 商业汇票的持票人向其非开户银行申请贴现，与向自己开立存款账户的银行申请贴现具有同等法律效力。但是，持票人有恶意或者与贴现银行恶意串通的除外。

第五十七条 违反规定区域出票，背书转让银行汇票，或者违反票据管理规定跨越票据交换区域出票、背书转让银行本票、支票的，不影响出票人、背书人依法应当承担的票据责任。

第五十八条 依照票据法第三十六条的规定，票据被拒绝承兑、被拒绝付款或者超过提示付款期限，票据持有人背书转让的，背书人应当承担票据责任。

第五十九条 承兑人或者付款人依照票据法第五十三条第二款的规定对逾期提示付款的持票人付款与按照规定的期限付款具有同等法律效力。

八　票据保证

第六十条 国家机关、以公益为目的的事业单位、社会团体、企业法人的分支机构和职能部门作为票据保证人的，票据保证无效，但经国务院批准为使用外国政府或者国际经济组织贷款进行转贷，国家机关提供票据保证的，以及企业法人的分支机构在法人书面授权范围内提供票据保证的除外。

第六十一条 票据保证无效的，票据的保证人应当承担与其过错相应的民事责任。

第六十二条　保证人未在票据或者粘单上记载"保证"字样而另行签订保证合同或者保证条款的，不属于票据保证，人民法院应当适用《中华人民共和国担保法》的有关规定。

九　法律适用

第六十三条　人民法院审理票据纠纷案件，适用票据法的规定；票据法没有规定的，适用《中华人民共和国民法通则》、《中华人民共和国合同法》、《中华人民共和国担保法》等民商事法律以及国务院制定的行政法规。

中国人民银行制定并公布施行的有关行政规章与法律、行政法规不抵触的，可以参照适用。

第六十四条　票据当事人因对金融行政管理部门的具体行政行为不服提起诉讼的，适用《中华人民共和国行政处罚法》、票据法以及《票据管理实施办法》等有关票据管理的规定。

中国人民银行制定并公布施行的有关行政规章与法律、行政法规不抵触的，可以参照适用。

第六十五条　人民法院对票据法施行以前已经作出终审裁决的票据纠纷案件进行再审，不适用票据法。

十　法律责任

第六十六条　具有下列情形之一的票据，未经背书转让的，票据债务人不承担票据责任；已经背书转让的，票据无效不影响其他真实签章的效力：

（一）出票人签章不真实的；

（二）出票人为无民事行为能力人的；

（三）出票人为限制民事行为能力人的。

第六十七条 依照票据法第十四条、第一百零三条、第一百零四条的规定，伪造、变造票据者除应当依法承担刑事、行政责任外，给他人造成损失的，还应当承担民事赔偿责任。被伪造签章者不承担票据责任。

第六十八条 对票据未记载事项或者未完全记载事项作补充记载，补充事项超出授权范围的，出票人对补充后的票据应当承担票据责任。给他人造成损失的，出票人还应当承担相应的民事责任。

第六十九条 付款人或者代理付款人未能识别出伪造、变造的票据或者身份证件而错误付款，属于票据法第五十七条规定的"重大过失"，给持票人造成损失的，应当依法承担民事责任。付款人或者代理付款人承担责任后有权向伪造者、变造者依法追偿。

持票人有过错的，也应当承担相应的民事责任。

第七十条 付款人及其代理付款人有下列情形之一的，应当自行承担责任：

（一）未依照票据法第五十七条的规定对提示付款人的合法身份证明或者有效证件以及汇票背书的连续性履行审查义务而错误付款的；

（二）公示催告期间对公示催告的票据付款的；

（三）收到人民法院的止付通知后付款的；

（四）其他以恶意或者重大过失付款的。

第七十一条 票据法第六十三条所称"其他有关证明"是指：

（一）人民法院出具的宣告承兑人、付款人失踪或者死亡的证明、法律文书；

（二）公安机关出具的承兑人、付款人逃匿或者下落不明的证明；

（三）医院或者有关单位出具的承兑人、付款人死亡的证明；

（四）公证机构出具的具有拒绝证明效力的文书。

第七十二条　当事人因申请票据保全错误而给他人造成损失的，应当依法承担民事责任。

第七十三条　因出票人签发空头支票、与其预留本名的签名式样或者印鉴不符的支票给他人造成损失的，支票的出票人和背书人应当依法承担民事责任。

第七十四条　人民法院在审理票据纠纷案件时，发现与本案有牵连但不属同一法律关系的票据欺诈犯罪嫌疑线索的，应当及时将犯罪嫌疑线索提供给有关公安机关，但票据纠纷案件不应因此而中止审理。

第七十五条　依照票据法第一百零五条的规定，由于金融机构工作人员在票据业务中玩忽职守，对违反票据法规定的票据予以承兑、付款、贴现或者保证，给当事人造成损失的，由该金融机构与直接责任人员依法承担连带责任。

第七十六条　依照票据法第一百零七条的规定，由于出票人制作票据，或者其他票据债务人未按照法定条件在票据上签章，给他人造成损失的，除应当按照所记载事项承担票据责任外，还应当承担相应的民事责任。

持票人明知或者应当知道前款情形而接受的，可以适当减轻出票人或者票据债务人的责任。

附录三 票据管理实施办法

第一条 为了加强票据管理，维护金融秩序，根据《中华人民共和国票据法》（以下简称票据法）地规定，制定本办法。

第二条 在中华人民共和国境内的票据管理，适用本办法。

第三条 中国人民银行是票据的管理部门。

票据管理应当遵守票据法和本办法以及有关法律、行政法规的规定，不得损害票据当事人的合法权益。

第四条 票据当事人应当依法从事票据活动，行使票据权利，履行票据义务。

第五条 票据当事人应当使用中国人民银行批准办理银行汇票业务的银行。

第六条 银行汇票的出票人，为经中国人民银行批准办理银行汇票业务的银行。

第七条 银行本票的出票人，为经中国人民银行批准办理银行本票业务的银行。

第八条 商业汇票的出票人，为银行以外的企业和其他组织。

向银行申请办理汇票承兑的商业汇票的出票人，必须具备下列条件：

（一）在承兑银行开立存款账户；

（二）资信状况良好，并具有支付汇票金额的可靠资金来源。

第九条 承兑商业汇票的银行，必须具备下列条件：

（一）与出票人具有真实的委托付款关系；

（二）具有支付汇票金额的可靠资金。

第十条 向银行申请办理票据贴现的商业汇票的持票人，必须具备下列条件：

（一）在银行开立存款账户；

（二）与出票人、前手之间具有真实的交易关系和债权债务关系。

第十一条 支票的出票人，为在经中国人民银行批准办理支票存款业务的银行、城市信用合作社和农村信用合作社开立支票存款账户的企业、其他组织和个人。

第十二条 票据法所称"保证人"，是指具有代为清偿票据债务能力的法人、其他组织或者个人。国家机关、以公益为目的的事业单位、社会团体、企业法人的分支机构和职能部门不得为保证人；但是，法律另有规定的除外。

第十三条 银行汇票上的出票人的签章、银行承兑商业汇票的签章，为该银行的汇票专用章加其法定代表人或者其授权的代理人的签名或者盖章。

银行本票上的出票人的签章，为该银行的本票专用章加其法定代表人或者其授权的代理人的签名或者盖章。银行汇票专用章、银行本票专用章须经中国人民银行批准。

第十四条 商业汇票上的出票人的签章，为该单位的财务专用章或者公章加其法定代表人或者其授权的代理人的签名或者盖章。

第十五条 支票上的出票人的签章，出票人为单位的，为与该单位在银行预留签章一致的财务专用章或者公章加其法定代表人或者其授权的代理人的签名或者盖章；出票人为个人的，为与该个人在银行预留签章一致的签名或者盖章。

第十六条 票据法所称"本名"是指符合法律、行政法规以及国家有关规定的身份证件上的姓名。

第十七条 出票人在票据上的签章不符合票据法和本办法规定的，票据无效；背书人、承兑人、保证人在票据上签章不符合票据法和本办法规定的，其签章无效，但是不影响票据上其他签章的效力。

第十八条 票据法所称"代理付款人"，是指根据付款人的委托，代其支付票据金额的银行、城市信用合作社和农村信用合作社。

第十九条 票据法规定可以办理挂失止付的票据丧失的，失票人可以依照票据法的规定及时通知付款人或者代理付款人挂失止付。失票人通知票据的付款人或者代理付款人挂失止付的，应当填写挂失止付通知书并签章。挂失止付通知书应当记载下列事项：

（一）票据丧失的时间和事由；

（二）票据种类、号码、金额、出票日期、付款日期、付款人名称、收款人名称；

（三）挂失止付人的名称；营业场所或者住所以及联系方法。

第二十条 付款人或者代理付款人收到挂失止付通知书，应当立即暂停支付。付款人或者代理付款人自收到挂失止付通知书之日起12日内没有收到人民法院的止付通知书的，自第13日起，挂失止付通知书失效。

第二十一条 付款人或者代理付款人在收到挂失止付通知书前，已经依法向持票人付款的，不再接受挂失止付。

第二十二条 申请人申请开立支票存款账户的，银行、城市信用合作社和农村信用合作社可以与申请人约定在支票上使用支付密码，作为支付支票金额的条件。

第二十三条 保证人应当依照票据法的规定，在票据或者其粘单上记载保证事项。保证人为出票人、付款人、承兑人保证的，应当在票据的正面记载保证事项；保证人为背书人保证的，应当在票据的背面或者其粘单上记载保证事项。

第二十四条 依法背书转让的票据，任何单位和个人不得冻结票据款项；但是，法律另有规定的除外。

第二十五条 票据法第五十五条所称"签收"，是指持票人在票据的正面签章，表面持票人已经获得付款。

第二十六条 通过委托收款银行或者通过票据交换系统向付款人提示付款的，持票人向银行提交票据日为提示付款日。

第二十七条 票据法第六十二条所称"拒绝证明"应当包括下列事项：

（一）被拒绝承兑、付款的票据的种类及其主要记载事项；

（二）拒绝承兑、付款的事实依据和法律依据；

（三）拒绝承兑、付款的时间；

（四）拒绝承兑人、拒绝付款人的签章。

票据法第六十二条所称"退票理由书"应当包括下列事项

（一）所退票据的种类；

（二）退票的事实依据和法律依据；

（三）退票时间；

（四）退票人签章。

第二十八条 票据法第六十三条规定的"其他有关证明"是指：

（一）医院或者有关单位出具的承兑人、付款人死亡的证明；

（二）司法机关出具的承兑人、付款人逃匿的证明；

（三）公证机关出具的具有拒绝证明效力的文书。

第二十九条 票据法第七十条第一款第（二）项、第七十一条第一款第（二）项规定的"利率"，是指中国人民银行规定的流动资金贷款利率。

第三十条 有票据法第一百零三条所列行为之一，情节轻微，不构成犯罪的，由公安机关依法予以处罚。

第三十一条 签发空头支票或者签发与其预留的签章不符的支

票，不以骗取财物为目的的，由中国人民银行处以票面金额 5% 但不低于 1000 元的罚款；持票人有权要求出票人赔偿支票金额 2% 的赔偿金。

第三十二条　金融机构的工作人员在票据业务中玩忽职守，对违反票据法和本办法规定的票据予以承兑、付款、保证或者贴现的，对直接负责的主管人员和其他直接责任人员给予警告、记过、撤职或者开除的处分；造成重大损失，构成犯罪的，依法追究刑事责任。

第三十三条　票据的付款人对见票即付或者到期的票据，故意压票、拖延支付的，由中国人民银行处以压票、拖延支付期间内每日票据金额 0.7% 的罚款；对直接负责的主管人员和其他直接责任人员给予警告、记过、撤职或者开除的处分。

第三十四条　违反中国人民银行规定，擅自印制票据的，由中国人民银行责令改正，处以 1 万元以上 20 万元以下的罚款；情节严重的，中国人民银行有权提请有关部门吊销其营业执照。

第三十五条　票据的格式、联次、颜色、规格及防伪技术要求和印制，由中国人民银行规定。中国人民银行在确定票据格式时，可以根据少数民族地区和外国驻华使馆的实际需要，在票据格式中增加少数民族文字或者外国文字。

第三十六条　本办法自 1997 年 10 月 1 日起施行。